Samer Tannous wurde in 1970 in Al-Bayda (Syrien) geboren. Fünf Jahre lang studierte er in Nancy (Frankreich) und Damaskus französische Literatur. Von 2007 bis 2015 arbeitete er als Dozent für französische Sprache und Literatur an den Universitäten Damaskus und Hama. Im Dezember 2015 kam er mit seiner Familie nach Deutschland und lebt seitdem mit seiner Frau und seinen beiden Töchtern im niedersächsischen Rotenburg (Wümme). Nachdem er im Eigenstudium die deutsche Sprache erlernt hat, arbeitet er seit Sommer 2016 als Französischlehrer an verschiedenen Schulen.

Gerd Hachmöller wurde 1972 in Celle, Niedersachsen geboren. Er studierte in Marburg und Hannover Wirtschaftsgeografie sowie an der London School of Economics Volkswirtschaftslehre. Anschließend arbeitete er bei der Europäischen Kommission und in der regionalwissenschaftlichen Forschung. Heute ist er Amtsleiter im Landkreis Rotenburg (Wümme). Im Jahr 2015 leitete er die Einrichtung und den Betrieb einer Notunterkunft für Geflüchtete. Nebenberuflich arbeitet Gerd Hachmöller als systemischer Coach, Teamentwickler, Dozent und Autor. Schwerpunkte seiner Dozententätigkeit sind der Umgang mit kulturellen Unterschieden sowie die Psychologie des Helfens. Gerd Hachmöller lebt in Rotenburg (Wümme), ist verheiratet und hat drei Kinder.

Außerdem von Samer Tannous und Gerd Hachmöller lieferbar:
Kommt ein Syrer nach Rotenburg (Wümme)
Lebt ein Syrer in Rotenburg (Wümme)

www.penguin-verlag.de

Samer Tannous und
Gerd Hachmöller

Bleibt ein Syrer in Rotenburg (Wümme)

Angekommen in meiner
deutschen Heimat

PENGUIN VERLAG

Die Texte dieses Buches sind als Kolumne bei SPIEGEL+ erschienen und wurden für die Veröffentlichung aktualisiert und überarbeitet.

MIX
Papier | Fördert gute Waldnutzung
FSC® C014496

Penguin Random House Verlagsgruppe FSC® N001967

1. Auflage 2025

Umschlaggestaltung: Büro Jorge Schmidt, München
Umschlagillustration: © Bernd Wiedemann
Satz: satz-bau Leingärtner, Nabburg
Druck und Bindung: GGP Media GmbH
Printed in Germany 2025
ISBN 978-3-328-11284-6

www.penguin-verlag.de

Inhalt

Vorwort

Eigene Wege entstehen beim Gehen. Im März 2016 sprach im Rotenburger Heimathaus ein Deutscher einen Syrer an und sie lernten sich kennen. Wir sind einen Teil des Weges gemeinsam gegangen, neun Jahre lang. Wir haben auf diesem Weg 154 Kolumnentexte für SPIEGEL+ geschrieben und dabei ca. 308 Tassen arabischen Kaffee auf Samers Wohnzimmercouch verköstigt. Wir haben auch manches Bier zusammen getrunken. Aber wer betrunken sein möchte, zählt nicht die Gläser, so sagt man in Syrien. Samer hat 154-mal ein Thema gefunden und beschrieben, wir beide haben uns 154-mal darüber ausgetauscht und Gerd hat diese Themen 154-mal ergänzt, bearbeitet, gekürzt und aufgeschrieben. In der SPIEGEL-Redaktion hatten wir über die Jahre neun verschiedene Ansprechpartner. Wir haben in dieser Zeit 49 Lesungen und 23 gemeinsame Workshops abgehalten und sind dabei 17 622 km durch Deutschland gereist. Wir haben dieses Land sowie viele seiner Bewohner kennengelernt. Unterwegs haben wir eine Reihe neuer Erkenntnisse zum Thema Integration und kulturelle Unterschiede gewonnen. Wir waren in

Weinkellern, Bibliotheken, Volkshochschulen, Secondhandläden, Unis, Rathäusern, Kirchen, Studentenkneipen, Theatern, einem Stall und einem Tapetenladen. Wir haben in Osnabrück sowohl syrische Gastfreundschaft als auch katholische Askese erlebt, einen Kneipenbummel in Heidelberg durchtorkelt, Unwetter in Siegen überstanden sowie eine waghalsige Taxifahrt in Stuttgart überlebt. Gerds Strukturiertheit ist auf diesem Weg viele Male mit Samers Spontanität kollidiert und noch öfter hat sich beides auf wundervolle Weise ergänzt. Auf den Reisen hat sich Gerd oft über die »gestohlene Zeit« bei Zugverspätungen aufgeregt und ebenso oft hat Samer ihn mit Hinweis auf die dadurch »gewonnene Zeit« wieder beruhigt.

Jetzt hat uns dieser Weg zu einem dritten gemeinsamen Buch geführt, welches eine Trilogie abschließt. Das heißt nicht, dass wir in Zukunft nur noch getrennte Wege gehen. Vielleicht werden wir gelegentlich noch die ein oder andere Kolumne auf SPIEGEL+ schreiben, wenn wir meinen, noch etwas zu sagen zu haben, und die SPIEGEL-Redaktion uns gewogen bleibt. Auf jeden Fall bleiben wir Freunde, wir machen weiter gemeinsame Workshops und Lesungen und tauschen uns sicher auch weiterhin über kulturelle Unterschiede aus. Schließlich haben wir uns gegenseitig viel zu verdanken und der Erfolg unserer Texte ist ein gemeinsamer Erfolg.

Samer hat in den neun Jahren einen langen, manchmal steinigen und mit vielfältigen Erlebnissen und Herausforderungen bestückten Weg zurückgelegt, dessen letzter Teil in diesem Buch beschrieben wird. Das Staunen und die Neugier sind ihm dabei nicht abhandengekommen. Er hat Arbeit gefunden, Deutsch gelernt, den Führerschein gemacht, ein Auto erworben und endlich auch eine größere Wohnung für sich und seine Familie gefunden. Und Samer kann jetzt endlich in seinem eigenen kleinen Garten arbeiten. Wie Voltaire am Ende seines Romans *Candide* sagte: »Il faut cultiver son jardin« (Man muss seinen Garten bestellen). Samer wird diesen Garten gut pflegen, auch wenn er noch kein deutscher »Gartenstreber« ist. Er wird dort mit seiner Frau Hala ausspannen, mit Freunden »saltaneh« (große Euphorie) erleben, mit dem weltgrößten Ronaldo-Fan Christina Fußball spielen und mit Cilina turnen. Die Nachbarn wird er spontan einladen und sie ansonsten möglichst nicht stören, das hat er nach neun Jahren in Deutschland sehr verinnerlicht. Samer hat nun endlich auch ein Arbeitszimmer nur für sich. Die Wände dieses Zimmers schmücken viele Leserbriefe. Der syrische Diktator Assad wurde endlich gestürzt und Samer ist kein Flüchtling mehr, sondern ein deutscher Staatsbürger.

Ist Samer überhaupt noch wiederzuerkennen? Ist er noch »ein Syrer« oder nun zu einem »Deutschen mit syrischen Wurzeln« geworden? Letzteres hätte nicht auf unser Buchcover gepasst und deshalb sprechen wir, vielleicht letztmals, noch über Samer als »Syrer«. Teile seines Wandels spiegeln sich in den einzelnen Kapiteln dieses Buches. Am Anfang gibt es einige Kolumnen, in denen Samer merkt, noch recht »syrisch zu ticken«. Im letzten Teil des Buches finden sich Texte, die einen tieferen Integrationsschritt nachzeichnen und in denen Samer das Gefühl hat, angekommen zu sein. Zum Beispiel werden in dem Kapitel »Wanderfrust« aus dem Jahr 2022 die Mühen beschrieben, sich dem deutschen Leistungsdenken anzupassen. In dem später entstandenen Text »Bin ich ein Huhn?« wiederum wird Samer deutlich, dass er in diesem Punkt Teile der deutschen Mentalität bereits in sich aufgenommen hat. Während Samer in dem Text »Unser täglich Brot«, der im Jahr 2022 entstand, noch die Überlegenheit der syrischen Küche preist, revidiert er diese

Ansicht ein Stück weit im Text »Die deutsche Fleischeslust«, der im Jahr 2024 erschien.

Das Buch enthält auch einige Texte mit Bezügen zu aktuellen Ereignissen, wie der Gasknappheit nach Beginn des russischen Angriffskriegs auf die Ukraine, dem Erdbeben in der Türkei und Nordsyrien, dem Anschlag von Solingen oder dem Sturz Assads. Um das Verständnis dieser Kapitel zu erleichtern, haben wir deren Titel zusätzlich mit dem Erscheinungsdatum des jeweiligen Kolumnentextes versehen.

Falls Sie bereits unsere ersten beiden Bände gelesen haben, mögen Sie sich vielleicht schon den passenden Lesestil zugelegt haben: Die Kapitel stehen für sich und bauen in der Regel nicht chronologisch aufeinander auf. Es spricht also nichts dagegen, gelegentlich das ein oder andere Kapitel zu lesen und das Buch danach wieder zur Seite zu legen, um später ein anderes Kapitel aufzuschlagen, dessen Titel Ihr Interesse weckt.

Und nun viel Spaß bei der Lektüre!

Füllerprüfung

Erinnern Sie sich eigentlich noch, wie Sie schreiben gelernt haben? Haben Sie dafür damals ein Zertifikat bekommen?

In Deutschland ist es so: Zum Fahren eines Autos benötigt man einen Führerschein, um auf die Jagd zu gehen, einen Jagdschein. Hundebesitzer müssen in Niedersachsen einen »Hundeführerschein« haben. Zum Bäumefällen im Wald braucht man einen »Selbstwerberschein«. Nach jeder Fortbildung gibt es eine Teilnahmebescheinigung. Zum Führen eines Handwerksunternehmens braucht man einen Meisterbrief. Kinder bekommen in der Schule nach einem eintägigen Kurs mit der Polizei einen »Fahrradführerschein«. Nach einer Chemiestunde kam meine Tochter einmal mit einem »Laborführerschein« nach Hause.

Die Liste ließe sich fortsetzen. In Syrien gibt es die meisten dieser Scheine nicht. Deutschland ist wahrscheinlich Weltmeister in schriftlichen Berechtigungen und Nachweisen. Manches mag auch Ausdruck einer gewissen Überregulierung sein. Meiner Meinung nach ist die Anzahl solcher Nachweise jedoch auch ein Grund für den deutschen Erfolg. Es zeigt, wie gut viele Dinge geregelt und die Rollen verteilt sind, dass Sicherheit immer Vorrang hat und dass an alles gedacht wurde.

Mein Freund Elmar hat zu Hause einen großen Ordner mit all den Erlaubnissen, Nachweisen und Zertifikaten, die er in seinem langen Leben gesammelt hat. Ich war schwer beeindruckt. Ich fragte ihn, ob er auch einen »Füllerführerschein« besäße. Er guckte mich ungläubig an: »Einen was??« Ich freute mich, dass meine achtjährige Tochter einen Führerschein besaß, den selbst der mit allen Wassern gewaschene Elmar noch nicht hatte. Beide meiner Töchter haben jetzt nämlich in der zweiten Klasse gelernt, sauber mit einem Füller zu schreiben, im Anschluss gab es für sie eine kleine Karte mit einer Medaille drauf und der Bestätigung, die »Füllerprüfung« bestanden zu haben. Sie halten das für banal? Dann achten Sie mal darauf, wie viele Menschen einen Stift nicht richtig halten, geschweige denn mit einem Füller schreiben können. Ich zum Beispiel habe das nie gelernt und benutze bis heute nur Kugelschreiber. Ein Lehrer und Autor, der nicht mit einem Füllfederhalter schreiben kann. Ist doch seltsam, oder?

Lesen Sie Weihnachtspost, die mit dem Computer geschrieben und ausgedruckt wurde? Dieser Brauch greift in den letzten Jahren immer mehr um sich. Ich dagegen freue mich stets, wenn ich einen Brief oder eine Karte bekomme, die mit der Hand geschrieben wurde. Dies ist viel persönlicher und drückt Wertschätzung aus. Und man kann hier mehr als nur den Inhalt des Geschriebenen herauslesen: ob der Schreiber konzentriert oder unkonzentriert war, ob er beim Schreiben gestockt hat oder unterbrochen wurde. An welchen Stellen er den Stift besonders fest aufgedrückt hat. Ich liebe es, derlei Dinge in einem handschriftlichen Text zu analysieren.

Deshalb bin ich begeistert vom deutschen Füllerführerschein. Er drückt die gebührende Bedeutung und Wertschätzung für das Handgeschriebene aus. Meine Kinder werden sich dadurch immer daran erinnern, wie sie richtig schreiben gelernt haben. Als ich Gerd davon berichtete, fragten wir uns, was das Schreiben eigentlich für uns als Autoren bedeutet? Wir waren uns schnell einig, dass es für uns ein Genuss und ein Vergnügen ist. Und wenn das Geschriebene auf interessierte Leser trifft, ist die Genugtuung noch größer.

Schreiben ist wie ein Tanz mit Wörtern. Es folgt einer Melodie und hat einen Rhythmus. Wir legen dabei syrische wie auch deutsche Figuren aufs Parkett, diese Mischung scheint gut zu funktionieren. Es gibt lustige, traurige, interessante, hoffnungsvolle und tragische Tänze, die unsere Kugelschreiber dabei aufführen. Schreiben kann für den Autor so erotisch sein wie einer Frau die Hand an die Hüfte zu legen.

Unser zweites Buch trägt den Titel *Lebt ein Syrer in Rotenburg (Wümme)* und fasst überarbeitete Kolumnen von zwei Jahren zusammen. Ein Journalist hat uns anlässlich der Buchpremiere gefragt: »Was ist Ihre Motivation zum Schreiben?« Wir mussten nicht lange nach einer Antwort suchen. Schreiben ist Kommunikation mit Menschen. Dies ist die wichtigste Motivation für Gerd und mich. Wir kommunizieren mit unseren Lesern und sie antworten in zahlreichen Leserbriefen und Kommentaren. Diese Kommunikation ist uns wichtig und erweitert unseren Horizont jedes Mal aufs Neue.

Der Journalist fragte uns auch: »Wann hören Sie auf mit dem Schreiben?« Wir antworteten mit einem Zitat aus dem Vorwort unseres zweiten Buches: Wir fühlen uns wie ein Bäckerteam, das für sein Stadtviertel Brot backt. Der eine liefert die Zutaten, der andere mengt sie zusammen, der SPIEGEL schiebt das Brot in den Ofen. Solange der morgendliche Duft unserer Brote das Wohnviertel erfreut, werden wir weitermachen.

Kürzlich kam vor dem Unterricht eine Schülerin zu mir ans Lehrerpult. Sie zeigte mir einen Füllfederhalter in einer schönen Schachtel und sagte: »Herr Tannous! Sehen Sie mal, was ich als Geschenk bekommen habe!« Ich entnahm den Füller und betrachtete ihn. Ich fand eine Gravur mit zwei Buchstaben. Das Mädchen sagte: »Das sind die Initialen von mir und meinem Freund. Er hat ihn mir geschenkt.« Später schrieben wir einen Vokabeltest. Ich merkte, dass das Mädchen mit dem Füller auch nach einigen Minuten noch nicht mit dem Schreiben begonnen hatte. Dann nahm sie feierlich den Füller aus der Schachtel und fing mit einem Lächeln auf den Lippen und in Schönschrift an zu schreiben.

Ich geh schwüm

Neulich hatten wir hier in Rotenburg eine Hitzewelle, wie sie selbst in Syrien nicht alle Tage vorkommt. Vielleicht haben auch Sie sich damit gerettet, schwimmen zu gehen – oder »schwüm«, wie man hier in Norddeutschland sagt und wie es im Lied der Gruppe Goldregen heißt.

Kommen Sie mit auf einen kurzen Ausflug in mein Heimatdorf, ich will Ihnen erzählen, wo ich als Zehnjähriger schwimmen gelernt habe. Es gibt dort einen Bach, der direkt von den Bergen kommt und eiskaltes Wasser ins Tal führt. Das Wasser wird von den Obst- und Gemüsebauern unseres Dorfes zum Teil für die Bewässerung genutzt.

An einer Stelle oberhalb unseres Dorfes wurde dieser Bach auf einer Länge von circa zehn Metern aufgestaut, sodass sich ein kleiner Teich gebildet hat. Er ist von Felsen umgeben, von denen man ins Wasser springen kann. Dies war immer eine Mutprobe für die Jungs aus unserem Dorf. Je höher man auf den Felsen kletterte, desto höher war das Ansehen bei den Mädchen, die zusahen.

Es ist absolut herrlich dort und wir Kinder haben in den Sommerferien fast jeden Tag an diesem verzauberten Ort verbracht. Wenn die Kleinen gegen Abend den Teich verlassen, kommen Ältere, um dort entspannt zu baden und sich im Wasser abzukühlen.

Kommen Sie mit! Um dorthin zu gelangen, gehen Sie beim Spaziergang durch das Dorf fünf Minuten entlang einem Bewässerungskanal den Berghang hoch. Vielleicht mit einer Flasche Arak, vielleicht auch mit einem Freund oder einer Freundin, vielleicht mit einer heimlichen Liebe. Der Ort eignet sich auch hervorragend für Jugendliche oder Touristen, um im Sommer am Ufer Tee zu kochen, ein Picknick zu machen oder nächtelange Partys zu feiern.

Das Wasser auf der einen Seite dieses kleinen Teichs ist circa einen Meter tief, auf der anderen Seite des Teichs circa zwei Meter. Als ich klein war und noch nicht schwimmen konnte, konnte ich nur auf der flachen Seite des Teichs baden und musste aufpassen, keinen Schritt zu viel zum anderen Ufer zu machen, um nicht unterzugluckern. Ich bewunderte die Kinder, die sich weiter in den tiefen Teil trauten, weil sie schon schwimmen konnten. Und ich hatte Sorge, dass irgendeiner der pausenlos von den Felsen springenden Jungs auf meinem Kopf landet. Außerdem war das Wasser so gnadenlos kalt, dass man es nicht wirklich lange darin aushielt.

Deshalb habe ich zunächst nicht in diesem Teich schwimmen gelernt, sondern wir haben uns etwas flussabwärts einen kleineren Teil des Bachs gestaut. Hier konnte ich sicher und in Ruhe üben und irgendwann die ersten Kraulzüge meines Lebens machen. Ich habe nie brustschwimmen gelernt, sondern nur kraulen. Danach konnte ich endlich mit den anderen Jungs im »richtigen« Teich schwimmen.

Hier in Rotenburg hat »schwimmen gehen« eine gänzlich andere Bedeutung. Das fängt bei den Kindern an: Die meisten lernen schon als Vorschulkind in einem Kurs das Schwimmen, in der Regel zunächst Brustschwimmen. Bald gibt es Abzeichen wie Seepferdchen und Freischwimmer.

Nachdem meine Tochter Cilina ihr Seepferdchen-Abzeichen bekommen hatte, fragte sie mich beim nächsten Freibadbesuch: »Papa, du kannst gut schwimmen. Aber kannst du auch den Ring dort vom Boden des Beckens heraufbringen?« Ich versuchte es und scheiterte. Meine achtjährige Tochter dagegen konnte es. Da fiel mir auf, dass ich zwar schwimmen, aber nicht tauchen gelernt hatte.

Als ich damals in unserem kleinen Stauteich schwimmen gelernt hatte, war die größte Distanz, die ich danach zurücklegen musste, fünf Meter. Cilina musste für ihr Seepferdchen 25 Meter schwimmen. Und damit deutet sich schon ein Unterschied an: Die meisten Deutschen gehen eben nicht baden, sondern schwimmen. Sie sind eher leistungsbezogen als spaßorientiert.

Wenn ich hier in unserem Freibad in Rotenburg schwimmen gehe, schwimme ich eine Bahn, ruhe mich aus, schaue, ob ich jemanden für eine Unterhaltung finde, was selten der Fall ist. Dann schwimme ich eine Bahn zurück, um mich erneut auszuruhen.

Auf der Nebenbahn schwimmt dann manchmal eine circa 60-jährige Frau. Sie steigt nach der Dusche ins Wasser, zieht eisern eine Bahn nach der anderen und geht nach einer halben Stunde wieder schweigend in die Dusche. Das ist wirklich typisch deutsch. Von der älteren Dame in unserer Nachbarschaft, die zweimal in der Woche im kalten Bullensee schwimmen geht (auch im Winter), hatten wir ja schon im letzten Buch berichtet. Was für eine Leistung!

Natürlich können Deutsche auch Spaß haben beim Baden, insbesondere Kinder. Und es gibt auch in Syrien Menschen, die längere Bahnen schwimmen. Dennoch ist ein Unterschied sehr augenfällig: Im Kopf vieler Deutscher ist ein Leistungsziel, wenn sie »schwüm gehn«.

Auch die Regeltreue der Deutschen macht vor dem Schwimmen nicht halt. Wenn man auf einer Bahn hin- und zurückschwimmt, tut man dies jeweils auf der rechten Seite, um den Gegenverkehr nicht zu stören. Selbst das Ausruhen am Ende einer Bahn wird von den stoischen Leistungsschwimmern in meiner Umgebung gelegentlich schon als Störung empfunden.

Kürzlich traf ich beim Schwimmen unseren ehemaligen Bürgermeister. Er sagte: »Hallo Herr Tannous! Wie lange sind Sie heute schon geschwommen?«

Ich antwortete: »Eine halbe Stunde.«

Er sagte: »Respekt, das sind dann ja circa … (rechnet) … 1300 Meter.«

Ich war etwas überrumpelt, und da ich manchmal ein Problem mit dem Verstehen von Zahlen in deutscher Sprache habe, sagte ich etwas geistesabwesend: »Ja!«

Kurz danach wurde mir bewusst, dass das völliger Quatsch war. 1,3 Kilometer ist vielleicht meine Wochen- oder Monatsleistung. In der vergangenen halben Stunde jedoch bin ich tatsächlich nur 300 Meter geschwommen, ansonsten war ich am Beckenrand.

Beim Schwimmen in Deutschland komme ich mir vor wie ein russisches Auto. In Syrien fuhren damals viele in Russland hergestellte Autos. Da sie für ein kaltes Land produziert wurden, waren sie im warmen Syrien kaum nutzbar. Der Motor wurde ständig heiß, alle halbe Stunde musste man dann eine Pause machen und Wasser nachfüllen. Ob ich beim

Schwimmen wohl jemals so zuverlässig werde wie ein deutscher Mercedes?

Manchmal stelle ich mir vor, wie ein Deutscher, wenn er an den idyllischen Teich in den Bergen bei unserem Dorf in Syrien käme, diesen Teich zigmal schweigend und ausdauernd von der einen bis zur anderen Seite durchqueren würde, bevor er sich abtrocknet und geht. Für die syrischen Kinder auf den Felsen wäre er ein Außerirdischer.

Ich bin doch keine Maschine

Fast alles in unserer modernen Welt lässt sich irgendwie einstellen. Das Handy, der Thermomix, die Spülmaschine, der Wecker, ein Musikinstrument, das WLAN, der Fernseher... Fallen Ihnen noch weitere Dinge ein? Kann man auch einen Menschen einstellen? Deutsche können das durchaus. Das Wort »einstellen« wird in der deutschen Sprache auch in Bezug auf Menschen verwendet, und das ist kein Zufall.

Diese Kolumne schreiben wir im Zug, genauer gesagt im ICE von Bremen nach Stuttgart, wo wir heute Abend eine Lesung haben. Gerade mussten wir in einen anderen Wagen wechseln. Ein Mitreisender forderte uns dazu auf, weil wir im »Ruhebereich« saßen und dennoch miteinander redeten. Der Mann hatte Recht und beharrte auf diesem, da er darauf *eingestellt* war, in einem völlig stillen Wagen zu sitzen.

Zweimal in der Woche sind unsere Kinder bei ihren »deutschen Großeltern«, unseren Freunden Gitta und Elmar, zum Mittagessen und um zu lernen. Einmal waren die Kinder verhindert und wir wollten die Verabredung verschieben. Gitta und Elmar schrieben uns eine Nachricht, in der unter anderem stand: »Wir waren darauf eingestellt, dass eure Kinder heute zu uns kommen.« Die Textnachricht landete zunächst bei meiner Frau Hala. Sie fragte mich: »Samer, was meinen die damit, wenn sie sagen, sie seien ›eingestellt‹?« Ich musste lachen und sagte: »Schau auf dein Handy. Dort gibt es den Menüpunkt ›Einstellungen‹. Hier kannst du das Handy so programmieren, wie es funktionieren soll. Die Deutschen sind so. Sie können nicht nur Geräte einstellen, sondern auch sich selbst. Sie sind eben manchmal selbst ein wenig wie Maschinen, zumindest im Vergleich zu uns Syrern. Deshalb nennen die Araber auch die deutsche Fußballnationalmannschaft so: die Maschine.« Über diese habe ich gestern übrigens eine Fernsehreporterin sagen hören: »Unser Team hatte für diese WM nicht die richtige Einstellung!« Wieder dieses Wort.

Viele Deutsche lieben Dinge, die eingestellt sind. Das ist nun mal ihre – Achtung Wortwitz – Einstellung. Meiner Frau und mir fällt das immer wieder auf. Beim Konzert kürzlich an unserer Schule: Alle kommen pünktlich, alle nehmen ihre Plätze ein, alle hören gleichzeitig auf zu reden, der Dirigent ist voll konzentriert und steht in einer geistigen Verbindung mit den Schülern, die Instrumente werden gestimmt, alles läuft wie ein Uhrwerk. Hala sah mich an und sagte: »Was für ein eingestelltes Volk.« Wenn uns hier ein Deutscher zugehört hätte, hätte er den Satz wohl nicht verstanden. Ich verstand ihn sofort.

Als Dozent beschäftige ich mich viel mit der Syntax von Sprache und finde, die trennbaren Verben sind ein Beispiel dafür, wie genau eingestellt auch die deutsche Sprache ist. Nehmen wir das Verb »zustimmen«. Beim Satz »Ich stimme deiner Meinung in diesem Fall uneingeschränkt zu« hat die Partikel ihren Platz verlassen und steht plötzlich ganz hinten am Satzende. Nicht, weil die Partikel aus Langeweile einen Spaziergang unternehmen wollte, sondern weil sie eine Funktion hat. Sie schließt den Satz ab und verleiht ihm erst die eigentliche Aussage. Sätze und Wörter mit Partikeln sind typisch für die Deutschen. Es gibt tausend weitere Beispiele: »Ich rufe dich an«, »Ich stelle mich ein«, »Ich bereite mich vor« und so weiter. Ausländer sagen manchmal etwas fehlerhaft: »Ich anrufe dich«, »Ich einstelle mich« oder »Ich vorbereite mich«. Sie haben die große Bedeutung dieser Partikel noch nicht erkannt.

Deutsche sind oft so hundertprozentig auf irgendetwas eingestellt, dass der Luftzug des Zufalls nicht mehr an ihre Haut kommen kann. Wenn ich meine Kolleginnen und Kollegen sehe, wie sie morgens zur Arbeit kommen, wie sie durch Körperhaltung, Kommunikation und Planung auf den Tag eingestellt sind – niemand von ihnen würde auf die Frage: »Was machst du heute?« antworten: »Ich weiß noch nicht.« Sie wissen alle genau, was sie machen werden, sie wissen es sogar für die ganze Woche, vielleicht noch darüber hinaus. Sie haben einen Plan und konzentrieren sich darauf. Das ist bewundernswert und erschreckend zugleich. Jedenfalls lässt es nur wenig Raum für Spontanität.

Wenn es einen Bruch im System gibt, wird der Deutsche oft sauer. Der Plan, auf den er eingestellt war, ist gefährdet. Wenn der Zug Verspätung hat, ein Schüler zu spät in den Unterricht kommt, die Mülltonne nicht geleert wurde oder man in der Ruhezone des ICE Kolumnen bespricht und schreibt. Dann ärgern sich manche Deutsche, obwohl die negativen Konsequenzen überschaubar sind. Der Grund ist, dass sie auf etwas anderes eingestellt waren.

In Deutschland wird man oft gefragt: »Was hast du vor?« Deutsche haben eigentlich immer etwas vor. Ich habe zwar auch meistens irgendetwas vor, möchte aber nicht auf ein Programm festgelegt sein. Ich bin auf ziemlich alles eingestellt und genieße es, Raum für Spontanität zu haben.

Freitags habe ich im Kollegium immer Angst vor der Frage, was ich am Wochenende vorhabe. Ich denke dann: Was wollt ihr von mir? Ich habe immer genug zu tun. Mal sehen, was alles passieren wird an diesem Wochenende. Ich möchte keinen Stress. Ich bin seit einem Monat deutscher Staatsbürger, aber noch keine deutsche Maschine. Meine Werkseinstellung ist in diesem Punkt noch syrisch.

Wanderfrust

Die Wanderlust der Deutschen bleibt mir ein Mysterium. Wir hatten in einer unserer Kolumnen schon einmal beschrieben, wie mich Gerds Urlaubsbericht irritiert hat. Er erzählte von einer »Hüttenwanderung« mit Freunden in den Alpen. Meine Frage, ob sie dabei auch grillen und Tee kochen, verdutzte ihn. Nein – sie würden den ganzen Tag nur wandern. Was sollte daran Spaß machen?

Die Syrer planen Urlaub in der Regel nicht lange im Voraus, sondern eher spontan. Deshalb ist dann meistens schon alles ausgebucht, wenn es losgehen soll. In den sieben Jahren, die wir jetzt in Deutschland wohnen, sind wir in diesem Sommer erst zum zweiten Mal überhaupt in den Urlaub gefahren.

Wir entschieden uns diesmal für den Harz. Meine Frau und ich vermissen oft die lieblichen Berge unserer syrischen Heimat. Der Harz lag geografisch und finanziell in guter Reichweite. Als ich meinen Lehrerkollegen von der Idee erzählte, bestärkten sie mich.

Auf dem Weg Richtung Berge legten wir eine Zwischenstation in Hannover ein. Wir besuchten den Zoo, spazierten am Maschsee und gingen lecker essen. Es war ein rundum schöner Tag. Meine Tochter Christina wollte zwar noch unbedingt Wanderschuhe kaufen, was man im kleinen Rotenburg nicht kann. Aber zum Glück haben wir sie nicht gekauft, sie wären unbenutzt geblieben. Wir übernachteten in Hannover in einem sehr modernen Hotel. Meine Kinder waren begeistert.

Am nächsten Tag kamen wir in unserem Zielort im Harz an. Das Hotel sah auf den Bildern im Internet sehr schön aus. Da wir zwei Stunden zu früh ankamen, konnten wir noch nicht einchecken. Deshalb beschlossen wir, mit einer nahe gelegenen Seilbahn den ersten Vorstoß in Richtung eines Berggipfels zu unternehmen, um die Zeit zu überbrücken.

In der Gondel hatte meine Familie schreckliche Angst. Die Gesichtsfarbe Halas wechselte ins Grau-Grünliche, sie konnte nichts mehr sagen. Auch meine Kinder waren nur mäßig begeistert. Unter uns sahen wir Heerscharen wanderlustiger Deutscher mit großem Eifer den Berg erklimmen. Oben angekommen, verließen wir die Gondel nicht, sondern fuhren gleich wieder bergab.

Als wir im Tal ausgestiegen waren, fragte Hala mich, warum diese Leute auf die Berge steigen. Ob es eine Belohnung oder einen Preis gäbe, wenn sie auf dem Gipfel ankämen. Ich sagte: »Ich glaube nicht« und merkte, dass Hala das gleiche Fragezeichen im Kopf hatte wie ich bei Gerds Reisebericht.

Vor dem Urlaub sagte ich zu meiner Familie: »In den Ferien gehen wir wandern in den Bergen!« Dabei war das Verb »wandern« für mich schon immer schwierig zu verstehen. Was genau war der Unterschied zu »spazieren gehen«? Ich hatte nicht bedacht, dass eine solche Formulierung auch in meiner Familie ganz unterschiedliche Erwartungen auslösen konnte.

Da niemand von uns je wirklich wandern gewesen war, assoziierten wir mit diesem Begriff wahrscheinlich eher die Art von Spaziergängen, die man in den syrischen Bergen unternimmt: Man reist mit dem Auto an, trägt elegante Freizeitkleidung, trifft Freunde, grillt, isst, singt und lacht, wobei man durchaus ein wenig durch den Wald schlendern kann. Man genießt die gute Luft, die Bäume und die Natur, die Hotels haben ein ganztägiges Animationsprogramm und es wird viel gefeiert.

Die deutschen Wandervögel unter unserer Gondel jedoch stiegen verbissen bei 30 Grad Hitze in der prallen Sonne 500 Höhenmeter auf einen Berg, ohne dabei zu lachen, zu singen oder Pausen an einem Grill zu machen. Und unser Hotel bot kein Animationsprogramm und von Feiern und Gesang fehlte dort jede Spur.

»Wandern« in dieser Form ist in Syrien und vermutlich vielen anderen arabischen Ländern völlig unbekannt. Man macht dort Spaziergänge, die vor allem geselligen Charakter haben, weil man Leute trifft und sich unterhält. Es gibt religiöse Wallfahrten oder Prozessionen und auch diese werden an jeder zweiten Straßenecke von Musik und Feiern unterbrochen. Wandern als Selbstzweck, der die »Belohnung« bereits enthält, ist in der syrischen Freizeitgestaltung nicht Teil des Konzeptes.

Meine Töchter waren jedenfalls todunglücklich und wollten schon nicht mehr weiter, bevor wir überhaupt einen Fuß auf einen Berg gesetzt hatten. Dann wollten wir essen, aber um 15 Uhr hatte die Hotelküche bereits geschlossen. Also gingen wir in der Stadt eine Pizza essen. Abends um acht betraten wir wieder das Hotelrestaurant, aber da bekamen wir schon keinen Platz mehr. Wir kauften stattdessen ein paar Knabbereien am Automaten. Später wurde ein Spiel der Fußball-EM der Frauen im

Fernsehen übertragen. Ich ging in die Lobby, um das Spiel mit anderen Leuten zu erleben. Allerdings war ich der Einzige, der das sehen wollte. Jetzt waren wir alle enttäuscht: kein vernünftiges Essen, keine Fußballstimmung und die Aussicht auf Tage voller Bergsteigen, dessen Sinn meine Familie nicht erkannte. Tochter Christina forderte die sofortige Abreise.

Doch erst mal telefonierten wir mit unserer »deutschen Oma« Gitta. Sie versuchte Christina umzustimmen, sie solle sich einen Ruck geben. Aber meine Tochter blieb unerbittlich. Gitta schlug uns Eltern vor, am nächsten Tag nach Goslar zu fahren, falls die Kinder weiterhin nicht wandern wollten.

Leider verlief auch der Ausflug nach Goslar eher enttäuschend. Die alten Gebäude der Innenstadt, die ich durchaus interessant fand, lösten bei unseren jungen Damen nur wenig Begeisterung aus. Ich beschloss, dem Trauerspiel ein Ende zu bereiten. Als ich meinen Kindern verkündete, dass wir nach Hause fahren würden, waren sie wieder glücklich. Sie strahlten über beide Ohren und sangen sogar im Auto.

Ich sprach mit Gerd über das Thema, der mit seinen Kindern zuweilen ähnliche Probleme hat. Meine Erkenntnisse:

- Es ist nicht immer einfach, einen Kompromiss zwischen den Wünschen der Eltern und denen der Kinder zu finden. Dies gilt besonders im Urlaub.
- Für die Gruppendynamik kann es hilfreich sein, mit anderen Familien zu verreisen.
- Man sollte sich mit der Wahl des Urlaubsziels rechtzeitig und ausführlich auseinandersetzen.

Vielleicht müssen wir uns aber auch eingestehen, dass Wandern einfach nicht zu uns passt.

Vertraut in euer Land!

Diese Kolumne erschien am 18.09.2022

Neulich bekam ich einen Anruf von meinem Schwager aus Syrien. Er fragte, ob es uns gut gehe, er mache sich Sorgen. Er und die anderen Familienmitglieder hörten Nachrichten, dass in Europa die Energie knapp werde, dass Putin den Gashahn zudrehe, dass es Demonstrationen gebe und die Deutschen im Winter frieren müssten.

Ich sagte: »Ihr braucht euch keine Sorgen um uns zu machen, ihr habt genug Sorgen. Wir sind sicher, denn wir sind in Deutschland.«

Ich meinte das sehr ernst. Damit unterscheide ich mich derzeit von einigen anderen Menschen in diesem Land. Es ist eine gewisse Verunsicherung unter den Deutschen zu spüren. Vielleicht wird diese medial auch etwas hochgespielt, ich weiß es nicht. Jedenfalls kaufen die Deutschen vermehrt Holzöfen, Brennholz, Stromgeneratoren oder elektrische Heizlüfter.

Man konnte schon zu Coronazeiten beobachten, wie die

Deutschen Toilettenpapier horteten. Nach Beginn des Kriegs in der Ukraine waren dann plötzlich auch die Regale mit Speiseöl leer. Nicht, weil beides wirklich knapp zu werden drohte, sondern weil die Deutschen Sorge hatten, dass es knapp werden könnte, und sie deshalb horteten. Warum lässt sich so ein starkes Land, das schon so viel überstanden hat, dermaßen verunsichern? Woher diese Angst?

In meiner Kindheit in Syrien gab es ständig Probleme mit der Stromversorgung. »Der Strom ist weg« war einer der häufigsten Sätze, die wir im Alltag benutzten. Wir gingen dann zum Fenster, um zu sehen, ob der Stromausfall nur unser Dorf betraf oder auch die Nachbardörfer. Man wusste nie, wie lange der Stromausfall dauern würde. Manchmal war der Strom schon nach einer Stunde wieder da, manchmal erst nach vielen Stunden oder mehreren Tagen. Man unterhielt sich oft über Ungerechtigkeiten in der Stromverteilung und warum der Strom in den wohlhabenderen Orten seltener ausfiel als in den kleinen Dörfern.

Als Kind, wenn ich abends für die Schule gelernt habe, lieferte ein Stromausfall stets eine gute Ausrede, um damit aufzuhören. Denn bei flackerndem Kerzenlicht kann man nur schwer Bücher lesen.

Geheizt wurde im Winter mit einem »Sobia-Ofen«, der in der Mitte des Raumes stand. Er wurde mit »Masud« beheizt, also mit Diesel. Es war immer sehr gesellig, wenn wir um diesen Ofen saßen. Man konnte darauf auch Brot oder andere Lebensmittel aufwärmen. Solche Öfen haben in Syrien viele Funktionen: Wärmespender, Wäschetrockner, Mikrowelle, Sandwichmaker und Aschenbecher. Unserer spendete sogar ein bisschen Licht, wenn der Strom ausfiel. Manchmal fand ich es regelrecht gemütlich (obwohl das ein sehr deutsches Gefühl ist), im Winter bei Stromausfall an diesem Ofen zu sitzen und keine Hausaufgaben machen zu müssen. Natürlich haben wir immer geschimpft, wenn der Strom ausfiel. Auch störte manchmal der Rauch im Zimmer, wenn der Wind auf den Schornstein drückte. Aber rückblickend war es eigentlich auch ganz kuschelig.

Wenn der Strom wieder da war, ging stets ein Jubel durch das Viertel. Man ging dann wieder zum Fenster und schaute zu den Nachbardörfern, mit etwas Schadenfreude, wenn diese im Dunkeln lagen.

Ich war schon als Kind ein großer Fußballfan und verfolgte jedes Spiel unserer Nationalmannschaft im Fernsehen. In der Nacht vor wichtigen Spielen lag ich im Bett und habe gebetet, dass der Strom diesmal nicht während einer Übertragung ausfallen möge. Es gab oft Tränen, wenn ich das Spiel dennoch aufgrund eines Stromausfalls verpasste.

Als ich erwachsen war, verbesserte sich die Situation etwas und die Stromausfälle wurden seltener. Aber der Krieg machte nach 2011 diesen Fortschritt wieder zunichte. Oft wurden Trafostationen oder Umspannwerke zerstört, als Folge hatten wir mehr Stromausfälle als früher. Während es sie in meiner Kindheit für ein oder zwei Stunden gegeben hatte, gab es seit dem Krieg nur noch für ein oder zwei Stunden Strom am Tag. Und das, obwohl der Alltag jetzt viel stärker auf Elektrizität ausgelegt war als früher. In den Kühlschränken verdarben die Lebensmittel, da die Menschen verlernt hatten, sie einzumachen wie in meiner Kindheit. Oft konnte man die Waschmaschinen oder den Computer nicht benutzen. Nachts hörte man die lauten Stromgeneratoren, die mit Diesel betrieben wurden und neben den Häusern wohlhabender Menschen standen.

Auch das Gas wurde zunehmend knapp. Als ich im Jahr 2014 Dozent an der Uni Damaskus war, hatte ich immer Angst, dass meine Frau mich anrufen würde, um mir mitzuteilen, dass zu

Hause die Gasflasche wieder leer sei. Ich hatte selten das Geld, um eine neue zu kaufen. Deshalb war ich in meinen Vorlesungen oft abgelenkt und bedrückt.

Einmal sprach ich zum Einstieg in eine Vorlesung darüber, dass die ständige Gasknappheit auch mich persönlich betraf. Eine wohlhabende Studentin nahm mich mit nach Hause und schenkte mir eine Gasflasche. Wahrscheinlich wollte sie sich damit auch bei mir einschmeicheln, aber ich war sehr glücklich. Als ich mit der Flasche nach Hause kam, staunten die Nachbarn und fragten, woher ich sie hätte. Selfies aus dieser Zeit, auch von Prominenten, zeigten die Menschen oft mit einer Gasflasche in den Händen. Sie waren Prestigeobjekt und Gesellschaftskritik zugleich.

Wir kauften nach Kriegsbeginn wieder mehr Kerzen als in meiner Kindheit. Es wurden auch viele chinesische LED-Lampen gekauft, die den Strom für circa eine halbe Stunde speichern konnten und bei Stromausfall noch eine Weile Licht spendeten. Aber diese gingen ständig kaputt. Der Krieg hat alles teurer und knapper gemacht. Heute ist Diesel in Syrien sogar so teuer, dass viele Menschen nicht einmal mehr ihre »Sobia-Öfen« befeuern können und nun nostalgisch an ihre Kindheit denken. Als Folge der Energieknappheit werden auch immer mehr Wälder gerodet, um mit Holz zu heizen. Der Krieg hat so viel in Syrien kaputt gemacht und bedeutet einen riesigen zivilisatorischen Rückschritt, auf verschiedensten Ebenen.

In Deutschland ist ein befürchteter Energiemangel seit Wochen das Thema Nummer eins im Fernsehen und in den sozialen Medien. Einige befürchten sogar soziale Unruhen und erste Politiker fordern das Ende der Sanktionen gegen Russland, damit wieder mehr Gas nach Deutschland geliefert wird. Ich verstehe, dass wir in Deutschland alle gemeinsam Strom und Energie sparen müssen und dass die gestiegenen Energiepreise insbesondere für Menschen mit geringem Einkommen eine echte Belastung sind.

Ich habe einen Brief von den Stadtwerken bekommen, in dem saftige Preissteigerungen angekündigt werden. Meine Familie und ich leben von einem eher kleinen Gehalt in einer kleinen Mietwohnung, Ersparnisse haben wir keine, aber es geht uns gut. Auch wir überlegen, wo wir Energie sparen können, aber ich mache mir keine Sorgen. Ich denke immer: So schlimm wie in Syrien wird es hier nicht ansatzweise werden. Nicht nur, weil die Gasspeicher in Deutschland schon wieder fast vollständig gefüllt sind, sondern auch, weil dieses Land überwiegend von verantwortungsvollen Politikern regiert wird, weil es eine gute Infrastruktur gibt, eine gute Versorgungsstruktur und wenig Korruption.

Die Wirtschaft in diesem Land steht auf soliden Füßen. Selbst wenn das Gas knapp werden sollte, werden wir nicht im Mittelalter landen. Ein gutes Sozialsystem unterstützt die Menschen hier schon jetzt durch verschiedene Maßnahmen, Erleichterungen und Zuschüsse, obwohl außer einer deutlichen Preissteigerung von Krise kaum etwas zu spüren ist.

Warum habt ihr Deutschen also so wenig Vertrauen in euer Land? Ihr habt schon die Coronakrise mit deutlich weniger Kollateralschäden gemeistert als die meisten anderen Länder. Für die Finanz- und Währungskrise vor 15 Jahren galt das Gleiche. Warum sind Ängste und Sorgen in diesem Land so präsent, obwohl ich die Deutschen sonst als so zupackend und pragmatisch kenne?

Unser täglich Brot

Gelegentlich lesen wir in den Kommentaren zu unseren Kolumnen, dass diese stets ein großes Kompliment an die Deutschen seien, dass wir aber auch mal etwas Kritisches über Deutschland schreiben dürften. Damit uns nicht weiter Lobhudelei unterstellt wird, möchte ich Ihnen deshalb heute nicht nur Honig um den Mund schmieren. Vielleicht ist das Essen einer der ganz wenigen Punkte, bei denen sich meine Bewunderung für Deutschland manchmal in Grenzen hält. (Und in dem ich ein kleines bisschen syrisch bleiben möchte.)

Beim Fußball spielt ihr Deutschen an der Weltspitze. Die Syrer scheitern meist schon in der Qualifikationsphase zu Weltmeisterschaften. Aber beim Essen hätte Deutschland weniger Chancen auf den Weltmeistertitel. Ihr seid großartige Autokonstrukteure, Chemiker, Maschinenbauer und auch gute Handwerker. Nur in der Küche scheinen eure Kreativität und euer Ehrgeiz eine kleine Ruhepause einzulegen. Das liegt sicherlich auch an der hohen Leistungsfähigkeit der Deutschen, an dem hohen Stellenwert von Arbeit, an dem vollgepackten Tagesablauf und an den vielen Hobbys. Da hat man weniger Zeit zum Kochen und auch weniger Zeit, das Essen zu genießen. Ihr Deutschen scheint weniger Genussmenschen zu sein als Pragmatiker. Ihr esst, um zu arbeiten, nicht umgekehrt, und das ist ja auch in Ordnung so.

Bei Lesungen werde ich manchmal gefragt, wie ich nach sieben Jahren in diesem Land zur deutschen Küche stehe. Ich werde dann immer etwas verlegen, denn euer Essen, wie ich es bislang kenne, weckt nur selten Begeisterungsstürme bei mir. Sicherlich bin ich nicht in der Position, ein abschließendes Urteil über die deutsche Küche zu fällen. Dafür habe ich noch zu wenig probiert und bin zu wenig herumgekommen. Ich bräuchte bestimmt noch mehr Courage und Neugier, um deutsches Essen besser kennenzulernen. Aber ich habe einen subjektiven Eindruck von einigen Gelegenheiten, bei denen ich zu Gast war, von Kantinen, Festen, Veranstaltungen und Gaststätten. Und manchmal empfinde ich das Essen in diesem Land eben als etwas eintönig, von Ausnahmen abgesehen.

Ich habe großen Respekt vor regionalen Spezialitäten. Aber mit dem in Norddeutschland so beliebten Grünkohl – serviert mit Kartoffeln, Brägen- und Pinkelwurst – habe ich echte Probleme. Ich finde, das sieht genauso aus, wie es klingt. Nach mehreren Versuchen unserer Freunde Gitta und Elmar, mir Grünkohl nahezubringen, sagte ich ihnen, dass ich nun selbst Grünkohl kochen werde, aber auf meine Art. Ich habe ihn mit Knoblauch und Zitrone gewürzt und in Teigtaschen eingebacken. Dem kohlturerprobten Gerd hat es geschmeckt.

Verglichen mit vielen Ländern des Mittelmeerraumes verbringen die Deutschen im Alltag eher wenig Zeit mit der Nahrungszubereitung, sie haben andere Prioritäten. Am Wochenende wird vielleicht mal etwas Ausgefallenes gekocht und man nimmt sich auch mehr Zeit zum Essen. An Werktagen jedoch essen die Deutschen morgens meist das gleiche Müsli oder das gleiche Brötchen. Das Mittagessen scheint oft eine Dauerschleife aus gekochten Kartoffeln, Gemüse und Fleisch zu sein. Und viele Deutsche schmieren sich zum Feierabend stets die gleiche Butter aufs gleiche Brot, um sie mit der gleichen Cervelatwurst zu belegen. Das soll kein Vorwurf sein, ich beobachte hier nur einen kulturellen Unterschied.

Bei den Syrern gibt es verschiedene Frühstücksvarianten, auch an Werktagen. Manchmal »Manakish«, bestehend aus Teig mit Käse, Spinat, Paprika oder Thymian. Oder die traditionelle Variante, eine Auswahl aus Magdous, Eiern, Auberginen, Oliven, Fladenbrot und anderen Beilagen. Oder aber Bohnen mit Sesamsauce und Joghurt, Hummus und Falafel. Das Mittagessen hat keine so festgelegte Uhrzeit wie in Deutschland, dafür gibt es in der Regel erneut eine abwechslungsreiche Mischung mit originell gewürztem Fleisch, verschiedenen Gemüsesorten, Reis, Falafel, diversen Saucen und anderen Leckereien. Dass abends in syrischen Restaurants nicht nur gegessen, sondern meist auch gesungen und getanzt wird, passt diesbezüglich ins Bild. Wir feiern das Essen und die Gemeinschaft.

Kürzlich habe ich an einem Regentag einen syrischen Freund in Rotenburg getroffen. Ich bin ein Bauchmensch und fragte ihn spontan: »Komm, lass uns nach Hamburg fahren und ein Tablett Nabelsieh essen.« Nabelsieh ist eine besondere syrische Süßigkeit mit Käse. Und Tablett heißt auf Arabisch »sodr«. »Sodr« heißt aber auch »Brust«.

Als ich in Hamburg angekommen bin, gab ich »Sodr Nabelsieh« ein und ließ es von Google übersetzen. Sie ahnen, was als Nächstes passierte: Mein Handy führte uns tatsächlich auf die Reeperbahn! Dort gab es viele echte Brüste zu sehen, aber ich hatte kein Auge dafür, weil ich so einen großen Appetit hatte, in Nabelsieh einzutauchen. Nachdem wir unseren Irrtum bemerkt hatten, fanden wir schließlich doch noch ein syrisches Lokal, wo wir Nabelsieh kaufen konnten. Wir freuten uns wie Kinder, schlemmten ausgiebig und ich brachte noch drei Kilo davon mit nach Rotenburg.

Viele Syrer leben für das Essen, sie widmen der Zubereitung ihr halbes Dasein auf dieser Erde und scheuen keine Mühe und keine Wege für ein besonderes Geschmackserlebnis. Ein bisschen wie die Franzosen vielleicht. Doch für viele Deutsche, so mein zugegeben oberflächlicher Eindruck, dient die Nahrungsaufnahme vor allem dazu, in anderen Lebensbereichen die volle Leistung zu bringen.

Natürlich gibt es auch Dinge, die ich an der deutschen Küche toll finde. Ein kulinarisches Fest ist für mich die große Auswahl an Suppen und auch an Saucen in diesem Land. Hier überraschen mich Vielfalt und Geschmack, da übertrefft ihr locker die Syrer.

Ein weiteres Highlight in Deutschland ist für mich das Brot. Ich finde es erstaunlich, wie viele Sorten von leckerem Brot und Brötchen ihr habt. In letzter Zeit gehe ich in Freistunden öfter zum Bäcker in Scheeßel und probiere mich dort durch die verschiedensten Backwaren. Ich mag schon den Geruch des Brotes, wenn ich mich einer Bäckerei nähere. Besonders am Wochenende zaubert mir dieser Duft ein herrliches Sonntagmorgen-Gefühl in den Bauch, wenn ich morgens die Brötchen hole.

Oft gibt es noch einen kleinen Plausch mit Leuten aus der Nachbarschaft, die den Start in den Tag perfekt machen. Von deutschem Backwerk könnten sich die Syrer wortwörtlich mal eine Scheibe abschneiden. Denn in Syrien gibt es eigentlich nur eine Sorte Brot. Bäckereien sind reine Fladenbrot-Verkaufsstände, man kann dort nicht frühstücken oder einen Kaffee trinken.

Der Stellenwert von Essen, die Zeit, die man sich dafür nimmt, und die Wertschätzung, die man dem Essen entgegenbringt, sind oft kulturell geprägt. Das zeigt sich schon an Franzosen und Deutschen. Essen ist aber auch eine Geschmacksfrage und sehr subjektiv. Selbst in meiner Familie gehen die Meinungen darüber auseinander. Unsere in Deutschland aufwachsenden Töchter teilen meine Begeisterung für syrisches Essen nicht. Wenn man sie fragt, was sie lieber mögen, ist ihre Antwort eindeutig: das deutsche Essen von Elmar und Gitta, ihren »deutschen Großeltern«.

Eine Schlüsselposition

Die Deutschen sind auf vielen Gebieten Meister: in der Medizin, im Maschinenbau, im Autobau, in der klassischen Musik, im Fußball, im Impfstoff-Erfinden, im Stehenbleiben an Fußgängerampeln und beim Brötchenbacken. Hier jedoch möchte ich auf einen ganz speziellen Typ Meister zu sprechen kommen, den es in Syrien so nicht gibt und der in meinen Augen typisch für Deutschland ist.

Wer ist die wichtigste Person in einem Mietshaus oder einem öffentlichen Gebäude? Der Besitzer? Der Behördenleiter? Weit gefehlt. Es ist der Hausmeister! Wenn ich das anderen Zuwanderern erkläre, ernte ich ungläubige Blicke. Aber ich bin sicher: Die arabische Welt kann von den Deutschen lernen, wie man ein Haus meistert.

Ich mag die in der deutschen Sprache so häufigen Komposita, also zusammengesetzte Wörter. Eines meiner liebsten ist der »Hausmeister«. Bedeutet das Wort, dass der so Bezeichnete wirklich der Meister des Hauses ist? Oder nur ein einfacher Angestellter? Braucht man dafür eine Meisterprüfung der

Handwerkskammer? Wieso haben die Deutschen für diesen Job eine so respektvolle Bezeichnung? Ganz einfach: Ohne den Hausmeister geht nichts, klappt nichts, läuft nichts, findet nichts statt. Er ist die zentrale Figur auf dem Schachbrett, eine Schlüsselperson im doppelten Sinne. Und er ist oft ein Meister seines Fachs, kann alles reparieren, kontrollieren und warten, ein beeindruckender Generalist. Deshalb hört man manchmal bei Begrüßungsreden auf Feiern als Erstes einen Dank an den Hausmeister. Das wäre in Syrien unvorstellbar.

Bei den Lesungen, zu denen Gerd und ich immer wieder durch das Land tingeln, sind die wichtigsten Personen für uns nicht die Veranstalter. Wir suchen mit den Augen stets als Erstes nach dem Hausmeister. Er regelt die Beleuchtung, die Aussteuerung der Mikros, mit ihm können wir Änderungswünsche in der Bestuhlung besprechen oder eine zweite Leselampe anfordern.

Der Hausmeister ist eine absolute Respektsperson und an unserer Schule genauso geachtet wie der Schulleiter. Vielleicht liegt das an der egalitären Gesellschaftsstruktur in Deutschland. Es liegt aber sicher auch an der Schlüsselposition des Hausmeisters für so viele neuralgische Punkte. Der Hausmeister wird in Deutschland nicht nur bewundert, sondern oft auch gefürchtet. Eine der wichtigsten Informationen, wenn man in diesem Land eine neue Arbeitsstelle antritt, lautet: Wer es sich mit dem Hausmeister verscherzt, hat verloren.

In unserer Schule ruft man den Hausmeister, wenn sich ein Fenster nicht öffnen lässt, ebenso wie wenn es eine Feier zu organisieren gibt. In der Aula beherrscht niemand sonst die Kunst so gut, Stühle und Tische platzsparend an die Seite zu stellen. Er ist ein Künstler der Raumaufteilung. Wäre unsere Schule ein Buch, wäre der Hausmeister das Vorwort und die Quellenangabe.

Wenn ich morgens zur Schule fahre, vergesse ich oft den

Schulschlüssel. Das liegt daran, dass ich gelegentlich meine Jacken wechsle. Mein erster Gang ist dann in das Büro des Hausmeisters. Ich brauche kaum etwas zu sagen, er weiß schon, was ich will, und reicht mir wortlos den Ersatzschlüssel. Auch am Ende des Schultages vergesse ich manchmal den Schlüssel auf dem Lehrerpult. Ich bekomme dann stets eine Nachricht mit einem Foto des Schlüssels von unserem Hausmeister. Das finde ich einen ausgesprochen netten Umgang mit meiner Schusseligkeit.

Einmal hatte ich nicht meinen Schlüssel zu Hause vergessen, sondern meine Herzmedikamente, was für mich wirklich problematisch war. Meine Frau Hala war sehr sauer und brachte mir die Tabletten in die Schule nach Scheeßel. Sie kannte sich jedoch nicht in der Schule aus und stand am Eingang etwas unschlüssig herum. Da wurde sie von einem sehr netten und hilfsbereiten Mann angesprochen und sagte diesem, dass sie Medikamente zu ihrem Mann Samer Tannous bringen möchte. Der Mann lächelte freundlich, versicherte ihr, dass er mich kenne, und brachte mir dann sofort die Medikamente in meinen Klassenraum. Zu Hause fragte mich Hala: »Wer war dieser Mann?« Ich antwortete mit Stolz: »Das war unser Hausmeister.«

Hier in Deutschland sind wir syrischen Einwanderer oft beeindruckt, wie gepflegt und ordentlich selbst ältere öffentliche Gebäude sind. Sogar die Parkhäuser in Deutschland sind sauber. Ich bin sicher, auch für Parkhäuser gibt es in Deutschland Hausmeister. Der Beruf des Hausmeisters, den es in dieser Form weder in Syrien noch in vielen anderen Ländern gibt, macht auch einen volkswirtschaftlichen Unterschied. Er hält nämlich Gebäude und deren Einrichtung instand. Deshalb haben viele Dinge in Deutschland eine höhere Lebenserwartung als beispielsweise in Syrien. Dort werden manchmal mit viel Tamtam öffentliche Neubauten eröffnet, für die eine Masse Geld investiert wurde. Aber schon nach wenigen Monaten klemmen die ersten Fenster, tropfen Wasserhähne, fehlen Glühbirnen oder Ähnliches. So beginnt ein Teufelskreis: Die Menschen, die das Gebäude nutzen, gehen weniger vorsichtig mit der Einrichtung um, weil diese ohnehin schon beschädigt ist. Dadurch verfällt dann alles noch schneller.

Im Französischen heißt die Berufsbezeichnung, die dem Hausmeister am nächsten kommt, »Concierge«, was nicht besonders wertschätzend klingt. Es ist nicht das Gleiche wie der Beruf, dem ihr Deutschen den Namen gegeben habt, den er verdient: »Hausmeister«.

Eine Freundin von mir war Schulleiterin. Sie erzählte mir kürzlich eine lustige Begebenheit. Eines Tages kam ihr kleiner Sohn zu ihr in die Schule. Er fragte sie nach ihren noch verbleibenden beruflichen Aufstiegsmöglichkeiten: »Mama, wann wirst du Hausmeister?«

Wir vermissen diese Feiern

Seit wir in Deutschland leben, wurden wir noch nie auf eine Hochzeit eingeladen. Vielleicht, weil wir nicht mehr in dem Alter sind, in dem viele Freunde, Cousins oder Cousinen heiraten. Vielleicht auch, weil wir als Ausländer noch nicht so viele deutsche Freunde haben. Als mir das klar wurde, war ich aber auch ein bisschen erleichtert, dass ich dadurch nicht wieder als »Hochzeitsbotschafter« eingespannt werde. Oder gibt es diesen Brauch in Deutschland nicht?

Als wir noch in Syrien lebten, fanden die meisten Hochzeiten in unserem Dorf im Juli oder August statt. Dann waren noch Sommerferien, das Wetter war gut und es gab viele Touristen in unserem Dorf. Jeweils zu Anfang eines Jahres sprachen wir darüber, wer in jenem Jahr alles heiraten würde. Meist waren es sechs, sieben oder acht Hochzeiten, zu denen man jährlich eingeladen wurde. Alle überlegten ständig, wem man was zur Hochzeit schenken könnte.

Eine Hochzeit in unserem christlichen Dorf in den syrischen Bergen ist nicht auf einen Tag beschränkt, sondern beginnt schon zwei Tage vorher. Man trifft sich abends am Platz vor der Kirche, jemand organisiert einen DJ und es wird unter dem freien Himmel getanzt. Diese »Vorfeierlichkeiten« sind mehr oder weniger öffentlich, auch viele Kinder feiern mit. Das ganze Dorf ist in Feierlaune.

Am Tag der Hochzeit wird die Braut in ihrem Elternhaus abgeholt und zu Fuß zur Kirche gebracht. Nach der orthodoxen Hochzeitszeremonie wird draußen vor der Kirche gratuliert und getanzt. Dann wird die Braut zum Haus des Bräutigams gebracht, wobei viel gesungen und getanzt wird, unter einem Regen von Blumen und Reis. Anschließend gehen die Leute nach Hause, ziehen sich um und treffen sich abends in einem Restaurant zur Party wieder, oft unter freiem Himmel.

Bei Feiern wohlhabender Leute schwebt sogar manchmal eine Kamera an einem Teleskoparm über der Terrasse, um alles aus der Luft zu filmen. Ansonsten gibt es aber auf jeden Fall einen Kameramann am Boden. Für die Musik sorgt ein Sänger mit einer Musikgruppe. Es gibt Unmengen zu essen und zu trinken und es wird bis tief in die Nacht gefeiert und getanzt.

In Syrien ziehen sich Gäste zu Hochzeiten sehr festlich an. Die Frauen freuen sich über diese Gelegenheiten, schöne Kleider anzuziehen. Manchmal, wenn jemand im Alltag besonders schick angezogen ist, fragt man scherzhaft: »Gehst du zu einer Hochzeit?«

Meine Frau Hala und ich vermissen manchmal diese syrischen Hochzeitsfeiern, die früher zu jedem unserer Sommer dazugehörten. Nun langweilen sich Halas schöne Kleider schon seit vielen Jahren in ihrem Kleiderschrank. Nur selten hat sie die Gelegenheit, sich richtig schick zu machen.

Kürzlich hatten wir deutsche Freunde zu Besuch und sprachen über das Thema. Ich war neugierig, ob es hier einen kulturellen

Unterschied gäbe. Aber Steffi und Philip, die früher in Hamburg lebten, hatten das gleiche Gefühl und vermissten ebenfalls solche Gelegenheiten, sich »aufzurüschen« und gediegen zu feiern. Hatte es was mit dem Alter unserer Generation zu tun? Oder mit dem Wohnort?

Falls der ein oder andere Leser oder Leserin nun mitleidig mit dem Gedanken spielt, uns zu einer Hochzeit einzuladen: Wie würden Sie dabei vorgehen? Etwa mit einer Karte? Das reicht bei uns Syrern nicht. Zwar werden auch bei Hochzeiten in unserem Dorf ein paar Monate vorher schriftliche Einladungen versendet. Aber zusätzlich werden am Tag vor der Hochzeit alle Gäste aus dem Dorf persönlich aufgesucht und nochmals zur Hochzeit eingeladen. Vielleicht, weil wir Syrer uns so schlecht Termine merken können, vielleicht, weil wir so kommunikativ sind, ich weiß es nicht. Da der Bräutigam so viele Hausbesuche allein nicht schafft, übernehmen diese Mission auch Freunde und Verwandte. Diese »Botschafter« werden auf verschiedene Wohnviertel aufgeteilt, schwärmen aus und klingeln an mehreren Hundert Haustüren.

Als ich zur Hochzeit meines Bruders einer dieser Botschafter war, fragte ich mich, warum es diese aufwendige Form der persönlichen Einladung überhaupt gibt. Eine Vermeldung und ein Aushang in der Kirche würden doch auch reichen.

Man wird bei einem solchen Rundgang von vielen Leuten beobachtet, die auf ihren Balkonen, am Straßenrand oder in Cafés sitzen und schwätzen: Wer geht da herum und lädt zu welcher Hochzeit ein? Das ist der Sohn von soundso, er hat diese und jene Vorlieben, hat diesen oder jenen Fehltritt begangen oder hat diese oder jene gesundheitlichen Probleme. Man wird vom gesamten Wohnviertel durchleuchtet und komplett auseinandergenommen, fühlt sich aber auch ein bisschen wie ein Filmstar.

Wenn du von einem Bräutigam gefragt wirst, ob du sein Heiratsbotschafter sein möchtest, stellst du dir diese Aufgabe leicht vor. Man muss nur an ein paar Türen klingeln und einen Satz aufsagen. Aber es kommt anders: Hier ist die schwerhörige Tante, nebenan der lange nicht mehr gesehene Onkel, eine Tür weiter der alte Schulfreund. Und natürlich antworten diese auf eine freundliche Einladung nach arabischer Sitte noch freundlicher: »Oh vielen Dank, tausend Glückwünsche! Wir fühlen uns geehrt! Wir hoffen, dass du der nächste Bräutigam wirst!« Oder: »Wie bitte, wer heiratet da? Sprich bitte lauter! Was? Der und der heiratet? Ich weiß noch, als er klein war und ich mit ihm Feigen pflücken war!« Und: »Hallo Samer! Mensch, haben wir uns lange nicht gesehen! Erzähl mal, was du in den letzten Jahren alles gemacht hast« und so weiter.

An jenem Vormittag klingelte ich an 60 oder 70 Türen und sagte immer wieder den gleichen Satz auf und bei jedem zweiten Haus entspannte sich ein längeres Gespräch über dies und das. Der für eine Stunde geplante Rundgang dauerte dann einen halben Tag. Anschließend war ich völlig erschöpft und ganz leer im Kopf.

Dennoch passierte es, dass nach der Hochzeitszeremonie mein Bruder vor der Kirche Glückwünsche empfing mit den Worten: »Ich gratuliere herzlich, obwohl ich nicht eingeladen war!« Meinem Bruder war das natürlich peinlich. Er sprach mich und die anderen »Botschafter« darauf an und wir hatten verschiedene Ausreden: Vielleicht lag das Haus weit entfernt vom Dorf oder auf einem Hügel und man war zu faul, den Weg zu gehen. Oder das Haus sah verlassen aus. Oder man hat tatsächlich geklingelt, aber niemand war zu Hause. Das Schöne ist, dass diese Personen trotzdem zur Hochzeitsfeier vor die Kirche gekommen sind, um zu gratulieren. Hala und ich vermissen diese Feiern so sehr.

Vor Kurzem war ich mit Hala in Bremen zum Bummeln und wir parkten unser Auto in der Tiefgarage eines 5-Sterne-Hotels neben dem Rathaus. Vor der Rückfahrt gingen wir durch die Hotellobby, um zu unserem Auto zu kommen. In dem Hotel fand eine chinesische Hochzeit statt und wir sahen viele sehr festlich gekleidete Menschen. Wir entschlossen uns, ein Bier an der Hotelbar zu trinken. Die Augen meiner Frau klebten an den Menschen auf der Feier, die sich in Sichtweite abspielte. Hala hätte große Lust gehabt, mitzufeiern. Tausend Gedanken schossen durch ihren Kopf: Wie ist die Braut angezogen, wie die Gäste? Wie bewegen sie sich, wie blicken sie sich an, über was mögen sie sich unterhalten? Welche Gefühle haben die Braut und der Bräutigam in diesem Moment?

Neben uns an der Bar saßen zwei deutsche Frauen. Sie würdigten die Feier mit keinem Blick, es interessierte sie überhaupt nicht.

Und plötzlich sitzt du auf der Bank

Kennen Sie den Witz, bei dem ein katholischer Priester, ein evangelischer Pfarrer und ein Rabbi das Thema Abtreibung diskutieren und darüber streiten, was als Beginn des Lebens definiert werden könne? »Das Leben beginnt mit der Zeugung!«, sagt der katholische Pfarrer. »Na ja«, sagt der evangelische Pastor, »das Leben beginnt wohl eher mit der Geburt.« »Unsinn!«, meint der Rabbi. »Das Leben beginnt, wenn der Hund tot ist und die Kinder aus dem Haus sind.« Die Einstellung des Rabbis passt in meinen Augen etwas zu den Deutschen.

Bei der Fußballweltmeisterschaft im Dezember 2022 wurde der Superstar Ronaldo mehr oder weniger aussortiert und saß viel auf der Bank. So erging es ihm in den letzten Jahren schon bei seinen Vereinen in England. Kein erfolgreicher Fußballer sitzt gerne auf der Bank. Viele gehen deshalb am Ende ihrer Karriere zu Klubs in anderen Ländern, wo Fußball weniger verbreitet ist. Das haben schon Pelé, Maradona, Beckenbauer und Littbarski so gemacht, nun tat Ronaldo es ihnen nach. Er stand im Grunde vor der Fußballrente, konnte sich aber offenbar nur schwer damit abfinden. Dann wechselte er für ein Jahresgehalt von 200 Millionen Euro zu dem Verein Al Nassr nach Saudi-Arabien. »Al Nassr« heißt auf Deutsch: »Sieg«.

Ob der Wechsel für Ronaldo wirklich ein Erfolg wird, bleibt abzuwarten. Eine Redewendung, die es sowohl im Deutschen wie auch im Arabischen gibt, lautet: »Du solltest aufhören, wenn du auf dem Gipfel deiner Leistung bist.« Aber wann ist dieser Punkt erreicht? Meine Tochter Christina, die der größte Fan von Ronaldo ist, und ich führen leidenschaftliche Diskussionen darüber. Vielleicht erhofft sich Ronaldo, in Saudi-Arabien weiterhin die Anerkennung zu bekommen, die er so lange genossen hat und die ihm von seinem letzten Trainer bei Manchester United nicht gewährt wurde. Vielleicht hat er auch etwas Angst vor dem Ruhestand, so geht es ja vielen Menschen. Rentner sitzen nun mal viel auf der Bank, Ronaldo am Spielfeldrand, andere an Spielplätzen oder Ententeichen.

In der syrischen Gesellschaft genießen ältere Menschen traditionell besonderen Respekt. Dies ist ein kleiner kultureller Unterschied zu Deutschland, wo ältere Menschen in der Regel zwar auch Respekt genießen, aber nicht auf die gleiche Weise wie in Syrien. In Deutschland bezieht sich der Respekt vor allem auf die Lebensleistung, in Syrien eher auf das Alter. Und viele ältere Menschen in Deutschland benehmen sich völlig anders als in Syrien, was mich immer aufs Neue fasziniert.

Das klassische Bild von Ruheständlern in Syrien ist, dass man im Lehnstuhl sitzt, von der Familie verehrt oder um Rat gefragt wird und vielleicht ab und zu seinen Enkeln den Kopf streichelt. Mir scheint, in Deutschland ist das Bild ein anderes. Hier sehe ich Menschen im Ruhestand Sport treiben, reisen, ihren Hobbys nachgehen. Einige legen sich sogar noch neue Hobbys zu oder lassen sich von ihrem ehemaligen Arbeitgeber reaktivieren.

Mein Freund Elmar hat zu seiner Pensionierung von seinen Kollegen sinnigerweise auch eine Bank geschenkt bekommen, die jetzt in seinem Garten steht. Als ich vor zwei Jahren nach meinem Herzinfarkt im Krankenhaus lag, rief mich Elmar dort an. Ich hatte Sorge um die Zukunft und fragte mich, ob ich jemals wieder würde arbeiten können. Elmar sagte: »Mach dir keine Sorgen, wenn du wieder gesund bist, wirst du wieder arbeiten können.« Ich bemerkte seine gebrochene Stimme, als hätte er einen Kloß im Hals. Vielleicht hätte auch er gerne länger gearbeitet. Aber er hat, im Gegensatz zu den meisten Ruheständlern in Syrien, jede Menge Freizeitaktivitäten. Elmar lernt Französisch, schreibt für ein Geschichtsmagazin, ist kulturell interessiert und unternimmt viel mit seiner Frau, die ebenfalls noch sehr fit und aktiv ist.

An einigen Schulen hier in Rotenburg werden aufgrund des akuten Lehrermangels derzeit Lehrer aus dem Ruhestand reaktiviert, um auszuhelfen und weiter zu unterrichten. Ist das nicht verrückt? Sie saßen schon nicht mehr nur auf der Bank, sondern bereits in der Kabine und wurden jetzt vom Trainer wieder eingewechselt. Das hat zum einen demografische Gründe, hat aber auch mit dem Selbstverständnis älterer Menschen in Deutschland zu tun. Viele sind auch im Alter noch sehr leistungsfähig und manch einer wird es als Anerkennung empfinden, noch gebraucht zu werden.

Das ist typisch für Deutschland. Die Wertschätzung des Alters ist vielleicht weniger stark ausgeprägt als in der arabischen Kultur. Aber hier ist der Ruhestand oft ein »Unruhestand«, der mit Hobbys, Ehrenamt, Arbeit, Reisen oder Sport gefüllt werden kann, ganz nach Belieben. Viele deutsche Ruheständler ersetzen den Respekt von Jüngeren durch geistige und körperliche Aktivität. Das lindert die Schmerzen bei der »Auswechslung« und hält jung. Vielleicht sind Deutsche auch pragmatischer im Umgang mit dem Alter und versuchen, das Beste daraus zu machen. Gerd sagt immer: »Älterwerden ist gar nicht so schlecht, wenn man an die Alternative denkt.«

Ich erkenne meine arabische Prägung

Wir haben in unseren mehr als hundert Kolumnen viel darüber geschrieben, wie ich versuche, meine neue Heimat zu verstehen. Aber immer noch stoße ich auf Situationen, in denen ich denke, wir könnten noch tausend Kolumnen schreiben, ohne dass ich euch Biodeutsche ganz verstehen würde. Mein Weg in den letzten Jahren führte mich jedoch nicht nur zu den Deutschen, sondern auch zu mir selbst. Ich habe viel über mich und meine arabische Prägung gelernt.

Zum Beispiel, wie emotional und ungeduldig wir Araber oft sind. Hier spielen wir in einer anderen Liga als die Deutschen, die mich immer wieder beeindrucken, wie sie ruhig und gut gelaunt in langen Schlangen vor Büroschaltern oder dem Schwimmbad stehen. Eine arabische Freundin von uns sollte einmal mehrere Monate auf eine MRT-Untersuchung ihres Herzens warten. Sie weinte in dieser Zeit viel und war psychisch völlig fertig, fast hysterisch. Ich wollte ihr helfen, rief bei der MRT-Praxis an und fragte, ob ein früherer Termin möglich sei, da meine Bekannte sich große Sorgen mache und sehr angespannt sei. Die Arzthelferin antwortete, dann solle meine Bekannte über eine Psychotherapie nachdenken. Als ich schilderte, dass sie auch schlecht schlafen könne, empfahl sie Schlaftabletten.

In Syrien hätte man in einem solchen Fall erwartet, dass eine Ausnahme gemacht werden kann, aber das ist in Deutschland nicht üblich. Ich fragte deutsche Freunde, ob sie sich bei der Arztpraxis nicht dafür einsetzen könnten, dass der Termin früher stattfindet. Jeder von ihnen antwortete mehr oder weniger das Gleiche: »Das würde nichts bringen. Es geht nach der Reihenfolge, alles andere wäre ungerecht. Wenn es dringend oder lebensbedrohlich wäre, hätte der Arzt es auf die Überweisung geschrieben.« Ich weiß, dass dieses System der Gleichheit und Gerechtigkeit gut ist und wir in Teufels Küche landen würden, wenn derjenige am schnellsten an Termine kommt, der am meisten jammert. Dennoch ist das für mich als Araber schwer zu ertragen, auch noch nach sieben Jahren in diesem Land.

Es kann sein, dass wir Araber manchmal übertreiben, vielleicht wusste die Arzthelferin das auch. Die Hyperbel ist das häufigste Stilmittel der arabischen Poesie. Wir reden viel. Wo der Deutsche einen Satz spricht, erzählen wir eine Geschichte. Wenn zwei Gäste erwartet werden, kochen wir für eine ganze Fußballmannschaft. Wenn wir ins Restaurant gehen, dann nicht nur, um eine Stunde zu essen. Sondern für die halbe Nacht, um zu essen, zu trinken und zu tanzen.

Ein weiteres Feld, in dem wir übertreiben, ist die Flexibilität in der Kommunikation. Ein Deutscher würde es vielleicht auch »Unverbindlichkeit« nennen. Deutsche sind so unglaublich fokussiert in Unterhaltungen. Gestern Morgen im Lehrerzimmer ist es mir nicht gelungen, die Aufmerksamkeit zweier Kolleginnen zu bekommen, nur um kurz Hallo zu sagen, so sehr waren sie ins Gespräch vertieft. Auch reagieren Syrer und Deutsche grundsätzlich unterschiedlich auf Angebote, Komplimente oder Gefallen. Wenn man zum Beispiel von einem Freund gefragt wird, ob man einen Kaffee möchte, wäre eine typische Antwort unter Syrern: »Wenn du auch möchtest…« Man würde ein direktes Ja oder Nein möglichst umschiffen, um dem Gegenüber Flexibilität zu ermöglichen.

Wir vermeiden in solchen Situationen ein klares Bekenntnis, was wir wirklich möchten oder nicht. Stattdessen haben wir im Arabischen das Verb »youssaer«, es lässt sich kaum ins Deutsche übersetzen. Man sagt es in Situationen, wo man etwas einem anderen zuliebe tut, um Gemeinschaft herzustellen oder die Beziehung zu stärken. Man trinkt den Kaffee, auch wenn man gar nicht unbedingt möchte, man raucht auch als Nichtraucher mal eine Zigarette mit. Man geht ein paar Schritte gemeinsam spazieren, auch wenn man eigentlich anderes vorhatte. Entscheidend ist in solchen Momenten weniger, was man selbst möchte, als vielmehr, was mein Gegenüber vielleicht gerade benötigt.

Für die Deutschen, die ein klares Ja benutzen, wenn sie etwas möchten, und ein Nein, wenn sie etwas nicht möchten, wirkt dieses arabische Kommunikationsballett wahrscheinlich unnötig kompliziert. Das Beziehungsgeflecht unter Syrern ist ständig neu auszutarieren. Aber in Syrien funktioniert es. Syrer handeln oft automatisch »youssaer«, für Deutsche dagegen ist das nicht immer selbstverständlich. Meine Tochter Cilina sagte vor ein paar Tagen am Esstisch, dass sie keinen Hunger mehr habe, aber uns gern noch »Gesellschaft leiste«. Dabei guckte sie mich fragend an, um zu testen, ob ich diesen Ausdruck verstehe. Ich verstand, fragte mich aber im selben Augenblick, warum die Deutschen Zeit in Gesellschaft anderer mit »Leistung« verbinden.

Ein anderes Verb, das die Deutschen nicht haben, lautet:

»bitmun«. Es beschreibt, dass man spontan vorbeikommen kann, ohne sich anzumelden. Dass man sich so etwas erlauben kann, weil man sich gut kennt. Eine Vorwarnung für einen Besuch verdienen nur Fremde oder Deutsche. Wenn man »bitmun« mit jemandem kann, kann man sich auch erlauben, Dinge zu sagen, zum Beispiel, dass einem dieses oder jenes Kleidungsstück nicht steht. Ich streite mich manchmal mit meiner Frau, wenn ich meinen Bruder besuchen möchte. Hala sagt dann, dass sie ihn anrufen wird, um anzukündigen, dass ich gleich vorbeikomme. Aber ich möchte das nicht, ich bin schließlich sein Bruder. Wenn man mit einem Arzt »bitmun« kann, benötigt man in Syrien übrigens auch keinen Termin für ein MRT.

Gespräche unter Syrern folgen oft völlig anderen Regeln als unter Deutschen. Wenn man in Syrien jemandem ein Kompliment macht, zum Beispiel »Du hast schöne Haare«, folgt höchstwahrscheinlich als Antwort »Das kommt von der Schönheit deiner Augen und deinem guten Geschmack« oder Ähnliches. Wenn man zu jemandem sagt: »Da hast du aber einen schönen Regenschirm!«, kann es einem passieren, dass derjenige antwortet: »Hier, ich schenke ihn dir!« In Deutschland dagegen bekommt man auf ein Kompliment meist ein einfaches »Danke« erwidert. Vielleicht ist das ein Grund, warum viele arabische Kulturschätze in europäischen Museen stehen. Vielleicht haben die staunenden Besucher im Orient damals zu den Einheimischen gesagt: »Das ist aber schön!« und diese haben erwidert: »Nimm, wir schenken es dir!«

Gerd und ich bekommen manchmal Leserreaktionen, die uns mitteilen, dass sie sich durch unsere Geschichten selbst als Deutsche besser kennenlernen. Die überraschendste Erkenntnis für mich nach sieben Jahren Deutschland ist aber, dass ich auch uns Syrer dadurch viel besser kennengelernt habe.

Warum?

Diese Kolumne erschien am 19.02.2023

Ein Prinzip unserer Kolumnen ist seit Langem, dass wir nicht über Politik schreiben. Zum einen kommt man bei diesem Thema selten auf einen gemeinsamen Nenner, zum anderen gibt es bereits genug schlaue Leute, die Sinnvolles dazu beitragen können. Ich bin zwar politisch interessiert und habe auch eine Meinung, doch fühle ich mich auf der Seite des Beobachters wohler als an der Stelle des Kommentators. Und beim Beobachten versuche ich meist, eine möglichst neutrale Perspektive einzunehmen, von der aus man alle Seiten gut sehen kann. Schon als Kind hatte ich dadurch selten Streit mit meinen Freunden. Das lag auch daran, dass ich Konflikten eher aus dem Weg gegangen bin, getreu dem arabischen Sprichwort: »Wir laufen hinter der Mauer entlang und bitten um die Gnade Gottes.« Es drückt aus, dass man keine Probleme sucht, sondern in Frieden leben möchte.

2011 lebte ich in Damaskus, als ich nachts den Lärm der ersten Autobomben und Raketen sowie das Pfeifen von Geschossen und Granaten hörte. Tagsüber musste ich zur Arbeit, auch dann flogen Raketen über der Stadt. Irgendein Auto, an dem man zufällig vorbeilief, konnte jederzeit explodieren. Ich hatte ständig Angst. Manchmal kam ich an Orten von Explosionen vorbei und sah verbrannte Menschen oder abgetrennte Gliedmaßen, es war schrecklich. Dann heulten die Martinshörner der Krankenwagen, die Überlebende ins Krankenhaus brachten, gefolgt von der Straßenreinigung, die alles wieder sauber machte. Anschließend ging der Krieg weiter und die nächsten Autos oder Geschosse explodierten ein paar Straßen weiter. Später gab es in den sozialen Medien jeweils die Berichte über die Opfer. Rebellen und Regierung beschuldigten sich gegenseitig, die Verantwortung für die Toten zu tragen. Das alles wirkte auf mich völlig absurd.

Der Krieg wurde innerhalb weniger Wochen Teil unseres Lebens. Alles begann mit einem Graffito, das politische Unruhen auslöste. Es entwickelte sich eine immer größere politische Rebellion, diese wuchs zu einem Bürgerkrieg heran und wurde schließlich zu einem internationalen, religiös aufgeladenen Konflikt. Vor dem Krieg war Syrien ein Staat, in dem religiöse Toleranz eines der wichtigsten Prinzipien war. Doch nun war Religion plötzlich der Spaltpilz für das syrische Volk. Ausländische Mächte und Terrororganisationen schalteten sich ein, was die Zerstörung nur vergrößerte. Immer mehr zivile Infrastruktur ging kaputt, die wirtschaftlichen Aussichten verdüsterten sich zusehends für große Teile der Bevölkerung, die Inflation wuchs in immer neue Höhen. Die Kriegsparteien entführten Menschen, um Angehörige zu erpressen. Immer mehr Syrer entschlossen sich zur Flucht.

Schon in meiner Kindheit befand sich mein Heimatland oft im Krieg, wie etwa 1967 und 1973 mit Israel. In den Achtzigerjahren folgte der Bürgerkrieg im Libanon, an dem auch Syrien beteiligt war. 1990 marschierte Saddam Husseins Armee in Kuwait ein, es folgte ein Krieg zwischen dem Irak und den USA. 2005 gab es einen weiteren Krieg der USA gegen den Irak, in dessen Folge religiöse Terrororganisationen wie der IS heranwuchsen. Noch heute spüren wir die Auswirkungen dieser Konflikte bis nach Europa. Der Nahe Osten war zu meiner gesamten Lebenszeit ein Pulverfass.

Von der sechsten Klasse bis zum Abitur trugen wir in der Schule militärische Uniformen, hatten militärischen Unterricht, trafen uns vor Schulbeginn auf den Schulhof zum Fahnenappell mit Nationalhymne und hatten ein Schulfach, das sich mit »Nationalismus« übersetzen ließe. Der Krieg war auf diese Weise immer ein Teil meines Lebens und auch meiner Erziehung. Ich fragte mich immer, wer all diese Kriege und Konflikte anzettelte? Es war kein Gott, keine Naturkatastrophen. Es waren Menschen. Homo homini lupus. Der Mensch ist dem Menschen ein Wolf.

Unsere Familie war arm, und obwohl ich gemeinsam mit meinen drei Geschwistern in einem Raum lebte, hatten wir einen Ofen und einen Schwarz-Weiß-Fernseher. Es gab nur zwei Sender, beide von der Regierung kontrolliert. In den Nachrichten wurde ständig über Kriege berichtet, was uns Kinder nicht sonderlich interessierte. Mein Highlight in den Nachrichten war immer der Sportteil, kurz vor dem Wetterbericht. Neben Fußball gab es manchmal Berichte über Skispringen und Eiskunstlauf, was mich besonders faszinierte. Diese schönen Bilder aus dem Schnee und Eis verband ich fortan mit Europa. Meine Heimatregion dagegen verband ich vor allem mit Krieg.

Unsere Erdkundebücher waren auf dunklem und pergamentartigem Papier gedruckt, was ihnen ein sehr schäbiges Aussehen verlieh. Aber zu jedem europäischen Land gab es in diesem Buch ein Bild in Farbe, meist von den Hauptstädten. Ich liebte diese Bilder und träumte mich an diese Orte. Der Fehler im System lag für mich darin, nicht in einer dieser schönen Städte in Europa geboren zu sein, sondern in der syrischen Provinz. Wenn ich meine Mutter fragte, woher diese Ungerechtigkeit kommt, sagte sie, das sei mein »Nasib« – Schicksal!

Als weitere Ungerechtigkeit empfand ich, dass mein Vater starb, als ich noch klein war. Ich habe meine Mutter nie gefragt, was der Grund dafür war, sie hatte genug Trauer zu tragen. Ich akzeptierte mein Nasib. Auf diese Weise mussten wir Kinder relativ schnell erwachsen werden. Als Jugendlicher jedoch habe ich mir durchaus die Frage nach dem Warum gestellt. Diese Frage kann einen in den Wahnsinn treiben.

Was nicht in unserem Erdkundebuch stand, war, dass eine geologische Bruchzone unter Syrien und der Türkei verläuft. Als ich die schrecklichen Bilder des Erdbebens im Fernsehen sah, stellte ich mir seit Langem erstmals wieder die Frage nach dem Warum.

Mein Heimatland hat bereits so viel Leid erfahren. Meist war dieses Leid menschengemacht. Nun kam diese schreckliche Naturkatastrophe über den Nordwesten Syriens. Warum nun auch noch dieses Unglück? Ist es das Nasib der Menschen, also ihr Schicksal?

Ich denke an Voltaire, der das schreckliche Erdbeben in Lissabon von 1755 beschrieb und damit auch die Absurdität des Lebens. Wir werden darüber in der nächsten Kolumne schreiben.

Keine Tränen mehr

In der Katastrophe halten alle zusammen, jeder legt Hand an und man vergisst die Streitigkeiten von früher – eigentlich. In den syrischen Katastrophen der vergangenen Jahre lässt sich das leider nicht beobachten. Im Gegenteil. Die Bergungsarbeiten nach den verheerenden Erdbeben im Februar 2023 sind noch nicht abgeschlossen und schon fangen die Menschen wieder an, sich gegenseitig zu beschuldigen und anzufeinden. Zwar dringen nur wenige Informationen nach draußen, aber man kann schon jetzt erkennen, dass das Erdbeben hier nicht dabei geholfen hat, alte Gräben zu überbrücken.

Die ganze Welt hat in den letzten Wochen Hilfsgüter in die Türkei und nach Syrien geschickt. Aber in Syrien hat es lange gedauert, bis diese Hilfe ins Land gelassen wurde. Viele Menschen hätten in dieser Zeit gerettet werden können. Als wäre das nicht schon schlimm genug, streiten sich die Menschen darüber, wer etwas von den Hilfsgütern gestohlen oder unterschlagen hat. Noch immer gibt es Nachbeben in der Region, geologisch und politisch. Alle beschuldigen sich gegenseitig, die Situation ist unklar. Es gibt dort auch viel Korruption, selbst in diesen dunkelsten Stunden. Das macht eine schlimme Situation noch schlimmer.

Die westlichen Industrieländer trennen ihre Hilfe von der Politik. Sie helfen auch dann, wenn es politische Interessenkonflikte mit den jeweiligen Machthabern gibt. Aber dieses Prinzip wurde in meiner Heimat noch nicht verstanden. Die Katastrophe hat die Menschen nicht näher zusammengebracht, sondern weiter voneinander entfremdet.

Korrespondenten berichten aus der Region im Fernsehen und auch in den sozialen Medien gibt es erschütternde Berichte. Da die Region politisch instabil ist, fällt es schwer, den Wahrheitsgehalt mancher Berichte zu prüfen. Die wenigsten dürften wirklich objektiv sein. Aber es sind die einzigen Informationsquellen, die derzeit zur Verfügung stehen.

Ein syrischer YouTuber, der in der Türkei wohnt, berichtet von Städten, die durch das Beben komplett eingeebnet wurden. Ich kannte einige dieser Orte. Er beschreibt das unvorstellbare Ausmaß der Zerstörung und das unermessliche Leid der Menschen. Er berichtete von einem Kind, das seine Eltern verloren hat. Oder von einer Frau, die verzweifelt ihren Mann und die Kinder suchte. Er selbst weint in dem Video ununterbrochen. Er erzählt, wie ein Mann, der mit einem Bus evakuiert werden sollte, den Busfahrer bat, anzuhalten, damit er wieder aussteigen könne. Er sagte, dass er die Rufe seiner Töchter unter den Trümmern höre. Er könne hier nicht weg.

Ein Mann steht auf den Trümmern seines Hauses und ruft zum Himmel: »Oh mein Gott, wo ist meine Familie? Warum ist das passiert? Hab Gnade mit mir, mein Gott.«

Ein anderer Bericht beschreibt, wie eine Frau ihre Eltern in einem eingestürzten Haus verlor. Sie stand vor dem Haus und rief: »Die Zärtlichkeit meiner Mutter ist für immer fort. Wohin bist du gegangen? Wo ist deine Hilfe und Unterstützung, mein Vater?« Die einzige Hoffnung, die sie hatte, war ihr noch vermisster Bruder. Als er lebend gerettet wurde, mischte sich kurz ein Lachen zwischen ihre Tränen. Sie rief: »Verlass mich bitte nicht!« Er antwortete: »Gott ist mit dir« und starb kurz nach seiner Rettung.

Eine Frau sagt, sie habe keine Tränen mehr. Ihr Mann und ihr Kind seien tot unter den Trümmern geborgen worden. Der Vater habe seine Arme noch im Tod schützend um sein Kind gelegt. Die Frau bat darum, den Mann und das Kind in dieser Haltung gemeinsam zu begraben. Weil das Kind Angst im Dunklen habe.

Ich bin Vater von zwei Töchtern. Wie nah soll ich diese Berichte an mich heranlassen?

Um Hoffnung zu fassen, schaue ich auf die Geschichte meiner zweiten Heimat. Hier in Deutschland (und ebenso in Japan) waren am Ende des Zweiten Weltkriegs große Teile der Infrastruktur und Industrie sowie viele Städte vom Krieg zerstört. Dennoch gelang es beiden Nationen, innerhalb weniger Jahrzehnte zu den stärksten Wirtschaftsmächten der Welt aufzusteigen. Natürlich hoffe ich, dass die Zwietracht in meiner Heimat eines Tages aufhört und die Menschen in Syrien zusammenfinden, um ihr Land gemeinsam wieder aufzubauen. Aber ich fürchte, bis dahin ist es noch ein weiter Weg.

Ich erbitte die Gnade Gottes für alle Verstorbenen.

Entweder oder – in Deutschland hat alles seine Ordnung

Oft denke ich, ich hätte die Deutschen durchschaut, aber dann kommen Situationen, in denen ich denke: Stopp mal, ich habe doch noch nicht verstanden, es steckt noch mehr dahinter. Zum Beispiel bei der Frage, warum die Deutschen so viel trennen: Arbeit und Freizeit, Spaß und Ernst, Freundschaft und Geschäft und natürlich den Müll. In ihrer Sprache trennen trennbare Verben und vieles mehr. Das war zu Beginn meines Lebens in Deutschland eine echte Herausforderung.

Für Deutsche gibt es Ja oder Nein, kein Jein. Sie lieben die explizite Bedeutung von Wörtern. Die Syrer benutzen viele Zwischentöne zwischen Ja und Nein, kommunizieren stärker auf der Beziehungsebene. Deutsche grenzen ihre Tätigkeiten meist voneinander ab, sie mögen das Monotasking. Bei den Menschen in Syrien finden in der Regel viele ihrer Aktivitäten im Tagesverlauf gleichzeitig statt.

Wenn Deutsche beim Essen angerufen werden, kann es einem selbst als Freund passieren, dass sie das Gespräch nur kurz annehmen, um mitzuteilen, dass sie gerade essen, und dann das Gespräch beenden. Als Syrer finde ich das frappierend. Kürzlich besuchte ich einen Freund bei der Arbeit. Aber der Mitarbeiter, der mir die Tür öffnete, teilte mir nur mit, dass der zuständige Kollege gerade zu Mittag esse, und ließ mich stehen. In Syrien wäre man vielleicht aufgefordert worden, sich dazuzusetzen, um das Anliegen beim Essen zu besprechen. Aber Deutsche wollen in der Regel eben nicht beim Essen gestört werden und trennen die Mittagspause von geschäftlichen Gesprächen.

Auch wenn sich zwei Deutsche miteinander unterhalten und man geht vorbei und grüßt, braucht man sich nicht zu wundern, wenn der Gruß nicht erwidert wird. Deutsche wollen stets nur ein Gespräch führen und sich voll darauf konzentrieren.

Vergangenen Samstag ist mir ein weiteres Beispiel aufgefallen. Gerd hatte uns auf einen Ball eingeladen. Nach einem Sektempfang setzten sich alle zum Essen. Später wurde das Geschirr abgeräumt und die Tanzfläche eröffnet. Plötzlich waren alle weg und haben getanzt. Das Essen war auch weg, und zwar für den Rest des Abends. In Deutschland hat alles seine Zeit. Entweder es wird gegessen oder getanzt.

In Syrien bleibt das Essen bei Feiern den ganzen Abend auf dem Tisch. Man genießt es, sich zu unterhalten, dabei etwas zu essen oder zu trinken, dann vielleicht etwas zu tanzen, anschließend wieder zu essen, alles fließt ineinander.

Nun trennen die Deutschen sogar Adidas von der deutschen Nationalmannschaft. Als Außenstehender dachte ich immer, dass die Nationalspieler diese deutsche Marke mit Stolz tragen und dass beides zusammengehört. Für mich wurde Adidas damit im Unterbewusstsein zu einem Symbol der Stärke. Aber die Deutschen trennen den Fußballpatriotismus von dem Erfordernis des DFB, bei Sponsorenverträgen wirtschaftlich zu handeln. Sehr rational, sehr deutsch.

Nur bei einem Thema lehnen die Deutschen eine Trennung zunehmend ab, nämlich beim Geschlechterverhältnis.

In den Schulpausen spiele ich mit den Schülern manchmal Fußball auf dem Pausenhof. Die Schüler freuen sich immer schon darauf. Hier beim Kicken auf dem Schulhof trennen die Jugendlichen nicht: Jungs spielen mit Mädchen so, als ob diese Jungs wären. Sie kämpfen genauso hart und verbissen gegen die Mädchen wie gegen ihre männlichen Schulkameraden. Darüber wundere ich mich jedes Mal. Erst dachte ich, die Jungs wären einfach rücksichtslos. Aber es hat vielleicht auch mit einem anderen Rollenverständnis zu tun, an das ich mich erst noch gewöhnen muss.

Ich dagegen ertappe mich in der Schule dabei, dass ich mit Mädchen anders spreche als mit Jungs. Hier mache ich einen Unterschied, den meine deutschen Lehrerkollegen weniger vollziehen, was den Schülern auch auffällt. Kürzlich beschwerte sich ein Schüler bei mir: »Warum sind Sie so streng mit mir und mit Nele nicht?« Der Junge hatte recht. Vielleicht tendiere ich dazu, zu Jungs, wenn sie frech sind, strenger zu sein als zu Mädchen. Ich unterstelle vielleicht, dass Mädchen sensibler sind als Jungen.

Diese Trennung hat mir offenbar meine kulturelle Prägung eingeimpft. In Syrien gibt es unterschiedliche Rollenerwartungen an Männer und Frauen, so auch bei Jungen und Mädchen. In Deutschland dagegen ergreifen Frauen typische Männerberufe und andersherum. Die Kinder bereiten sich darauf schon in der Schule vor. Ich bewundere das. Aber der Syrer in mir muss sich erst noch daran gewöhnen.

Eine Waschmaschine in Quarantäne

Am Anfang meiner Zeit in Deutschland standen eine Reihe sprachlicher Ausrutscher, die in dem Moment zwar unglücklich waren, im Nachhinein aber mit Humor betrachtet werden dürfen. Mein Partykompliment an eine elegant gekleidete Freundin, sie sehe »Schickimicki« aus, hatte ebenso wenig tragische Folgen wie mein wiederholter Wunsch in der Bäckerei, ich möchte »Kochen«. (Zwischen »o« und »u« macht der Syrer eben keinen Unterschied.) Und als ich den deutschen »Schrebergarten« einmal in »Gartenstreber« umwandelte, unterstellte man mir sogar Absicht.

Für meine Frau Hala und mich ist die Sprache nach wie vor die größte Herausforderung in diesem Land. Wir lachen oft über die kleinen Fehler, die wir beim Sprechen machen. Kürzlich waren wir in einem Matratzengeschäft. Sie wissen schon – der Laden, der an 365 Tagen im Jahr Super-Sonder-Sale macht. Hier wollten wir wieder etwas kaufen, ohne das richtige Wort dafür zu kennen. Also erklärten wir unter Zuhilfenahme sämtlicher Extremitäten: »Wir brauchen eine Decke für das Bett.«

Die Verkäuferin führte uns zu den Oberbetten. »Nein, wir brauchen eine Decke für die Matratze!« Daraufhin wollte die Verkäuferin mit uns über Boxspringbetten verhandeln. Wir machten zunehmend ausladende Bewegungen mit unseren Händen, was die Verkäuferin nur noch mehr verwirrte. Schließlich schafften wir es, der Frau begreiflich zu machen, was wir meinten, und lernten zur Belohnung das passende Wort: »Spannbetttuch«.

Meine sprachlichen Missgeschicke konnten mir die Freude am Austausch mit »Biodeutschen« nie nehmen. Ich bewahre mir die Lust an der Kommunikation bei der Arbeit, mit Freunden, bei Lesungen und Workshops und auch beim Einkaufen. Ich kaufe ungern online ein, lieber gehe ich ins Geschäft, das ist geselliger und unterstützt den Einzelhandel vor Ort.

Als neulich unsere Waschmaschine kaputtging und wir eine neue brauchten, fuhr ich zu einem Händler von Haushaltsgeräten in der Nähe von Rotenburg. Das Gerät passte kaum in unseren Kleinwagen und zu Hause musste ich einen Freund anrufen, der beim Hochtragen in den ersten Stock helfen konnte. Als mein Bruder mich eine Woche später fragte, warum ich solche Rückenschmerzen hätte, berichtete ich ihm von dem Waschmaschinenkauf, und er fragte, warum ich diese nicht im Internet gekauft hätte. Ich antwortete, dass ich bei jedem Kauf im Internet eine Chance zur Kommunikation mit Deutschen verpasse.

Der Waschmaschinenverkäufer zum Beispiel bombardierte uns in schnellem Stakkato mit fachkundigen Erläuterungen. Hala sah mich zwischendurch mit fragendem Blick an, ich zuckte mit den Schultern. Ich habe wirklich keine Ahnung von Technik. Eine Waschmaschine muss funktionieren, aber wir müssen nicht jedes technische Detail dieser hilfreichen Erfindung kennen. Dem Verkäufer war es jedoch ein Bedürfnis, uns alle Energieeffizienzklassen, Waschprogramme und Geräuschpegel genau zu erklären. Sein Wortschwall hätte selbst einen geborenen Deutschen an seine Grenzen gebracht.

Nach einer gefühlten halben Stunde Fachchinesisch ergriff meine Frau Hala in einer millisekundenlangen Redepause des Verkäufers blitzartig die Initiative und grätschte hinein: »Hat diese Maschine Quarantäne?«

Stille – der arme Mann war völlig konsterniert. Er hatte auf alles eine Antwort, aber darauf nicht. Wir triumphierten kurz. Ich vermutete, dass meine Frau eigentlich nach einer Garantie fragen wollte. Nachdem ich die kurze Textpause ausreichend genossen hatte, löste ich das Missverständnis auf und machte den Verkäufer wieder glücklich. Ja, die Waschmaschine hat fünf Jahre Garantie.

Der Mann sagte uns noch, dass es für die Maschine besser ist, wenn man beim Waschen Pulver statt flüssigem Waschmittel verwendet. Zu Hause dozierte Hala dann vor unseren Töchtern: »Christina, Cilina, hört mal! Für unsere Waschmaschine sind Pullover besser als flüssiges Waschmittel.« Cilina bekam sich gar nicht wieder ein vor Lachen.

Sind die Deutschen Monotasker?

Wenn Menschen hierzulande einen Auftrag bekommen, bemerke ich oft: Der Deutsche konzentriert sich hundertprozentig auf diese Aufgabe und versucht, sie mit Hingabe zu erfüllen. Wenn der Fahrradreifen platt ist, schieben viele ihr Rad nicht zur Reparaturwerkstatt, sondern flicken den Schlauch gleich vor Ort selbst mit großer Akribie. Beim Autofahren schätzt der Deutsche keine Ablenkung, das wäre riskant. Wenn ich Handwerker beobachte, arbeiten sie entweder fokussiert und zügig oder sie sind in ihrer Frühstückspause, beides ist klar voneinander getrennt.

Manchmal beobachte ich irgendwo zwei Deutsche in einer Schlange, die sich intensiv miteinander unterhalten. Sie konzentrieren sich voll auf ihre Unterhaltung und sind ganz bei ihrem Gesprächspartner. Das Gleiche erlebe ich bei Kollegen im Lehrerzimmer. Wenn zwei Lehrer sich dort über ein Problem unterhalten, gilt ihre volle Konzentration dem Gegenüber. Es ist nicht ratsam, sie in diesem Moment zu unterbrechen oder auch nur zu grüßen, selbst wenn sie gerade meinen Platz blockieren.

In einer Kneipe sehe ich, wie Leute Bier trinken. In dem Moment, wenn sie das volle Glas nehmen, zum Mund führen, einen großen Schluck nehmen und wieder absetzen, gilt ihre Aufmerksamkeit manchmal nur dem Biergenuss. Danach wenden sie sich wieder ihrer Unterhaltung zu und führen diese mit voller Konzentration. Sie bemerken dann kaum noch, was um sie herum vorgeht. Wussten Sie, dass all das typisch deutsch ist?

Menschen aus vielen anderen Kulturen machen Dinge eher nebenbei oder gleichzeitig. Handwerker können auch während der Arbeit kleine Päuschen machen oder sich ein bisschen umsehen, dafür brauchen sie keine abgezirkelten 30 Minuten Frühstückspause. Unterhaltungen können unterbrochen werden, um jemand anderen zu begrüßen. In der Kneipe läuft das Trinken oder Unterhalten als Grundrauschen, während man andere Menschen beobachtet oder in Gedanken vielleicht ganz woanders ist.

Ich habe den Eindruck, die meisten Deutschen werden ungern gestört bei dem, was sie gerade tun. Als Zuwanderer irritiert mich diese typisch deutsche Fokussierung auch nach acht Jahren noch. Sind die Deutschen Monotasker? Als ich kürzlich durch den Wald spazierte und einen Freund traf, der an mir vorbeijoggte, blieb dieser nicht stehen, um sich mit mir zu unterhalten, obwohl wir uns sehr lange nicht gesehen hatten. Er winkte kurz und lief an mir vorbei. Er war voll auf seine Mission gepolt und die lautete: Laufen!

Deutsche wollen beim Essen nicht angerufen, beim Gespräch nicht unterbrochen, beim Sport nicht aufgehalten und in ihrem Genuss nicht gestört werden. Selbst in Ruhephasen sind die Deutschen voll auf diese Zeit fokussiert. Pausen und der Feierabend sind in diesem Land Heiligtümer. Man muss schon sehr mutig sein oder Ärger suchen, wenn man einen Deutschen in seiner Pause stört.

Natürlich gibt es auch in Syrien Phasen, in denen sich die Menschen ausruhen, zum Beispiel nach dem Mittagessen. Aber diese Zeiten sind dort weniger geregelt als in Deutschland und stehen nicht auf einem so hohen Sockel. Wenn zum Beispiel während der Siesta der Verkaufswagen für Gasflaschen mit seiner typischen dröhnenden Musik durchs Viertel fährt (Beethovens Siebte!), Kinder laut spielen oder man Besuch bekommt, stört uns das meist kaum.

Multitasking ist Teil der syrischen DNA. Die Fahrer der Kleinbusse im syrischen Nahverkehr zum Beispiel unterhalten sich typischerweise während der Fahrt angeregt mit den Fahrgästen, hören dabei laut Musik, trinken Tee, nehmen Fahrgeld entgegen. Nebenbei steuern sie noch den Bus durch das großstädtische Verkehrschaos. In deutschen Bussen dagegen ist ein Schild beim Fahrer angebracht, welches es verbietet, diesen während der Fahrt anzusprechen.

Der gemeine Germane macht die Dinge ganz oder gar nicht und er macht eins nach dem anderen. Er ist oft Perfektionist und führt die Dinge zu Ende. Vielleicht seid ihr Deutschen nur begrenzt multitaskingfähig, aber vieles, was ihr tut, wird durch eure Hingabe auch besonders gut. Das bezieht sich nicht nur auf die Autos und Maschinen, die ihr auf Weltniveau baut. Es bezieht sich auch auf eure Ideen, Pläne, Vorhaben, Beziehungen – auf eure ganze Einstellung.

Die Stärke des Monotaskings wird mir auf besondere Weise vor Augen geführt, wenn es hier in Deutschland schneit. Wenn es in Syrien schneit (auch das kommt vor, insbesondere in den Bergen meiner Heimatregion), ruht das öffentliche Leben. Keine Schule, keine Arbeit, kein Verkehr. In Deutschland dagegen ist ein Tag mit Schnee, von außen betrachtet, ein Tag wie jeder andere. Natürlich jauchzen dann viele Kinder morgens vor Glück und viele Erwachsene stöhnen, aber dennoch muss alles laufen wie geplant. Selbst vom Fahrradfahren lassen sich viele Deutsche durch Schnee nicht abhalten. Ich frage mich dann manchmal unwillkürlich, ob die Deutschen darin eine Herausforderung sehen, die sie anspornt.

Als es vor drei Wochen hier in Rotenburg kräftig geschneit hatte, fuhren Hala und ich abends um 23 Uhr mit dem Auto durch den Schnee nach Hause. Wir fuhren sicherheitshalber sehr langsam. Da überholte uns auf dem Fahrrad ein Mann, der bestimmt schon über 70 Jahre alt war. Es war unglaublich, wie der alte Mann das Gleichgewicht halten konnte. Ich denke, dies ist ein Ergebnis des Monotaskings: Ohne die absolute Konzentration in jedem Moment auf das Fahrradfahren wäre das bei diesem Schnee nicht gefahrlos möglich gewesen. Hala und ich waren so perplex, dass wir fast von der Straße abgekommen wären. Man sollte sich eben nur auf eine Sache auf einmal konzentrieren.

Die Deutschen leihen sich unsere Wörter – Maschallah!

Fast alle Sprachen haben im Laufe ihrer Entwicklung Lehnwörter aus anderen Sprachen aufgenommen. Die Deutschen sprechen von »Fast Food« und »Management«, Engländer von »Angst«, »Kitsch« oder »Kindergarten«. »Boulevard« ist sogar ein doppeltes Lehnwort, das in seiner Entstehung zwischen Deutschland und Frankreich hin- und hergewandert ist.

Im Arabischen gibt es außer »Bier« und »Bagger« nur wenige deutsche Lehnwörter. Wahrscheinlich, weil Deutschland keine koloniale Vergangenheit im Nahen Osten hat. Deutsche dagegen benutzen schon lange, ohne es zu merken, Wörter, die aus dem Arabischen stammen. Sie mögen geahnt haben, dass »Kaffee« und »Schach« aus dem Orient stammen. Aber wussten Sie, dass auch die Begriffe »Zucker« und »Alkohol« aus dem Arabischen kommen? Selbst Wörter wie »Ziffer«, »Sofa« und »Matratze« haben Sie meinen Vorfahren entlehnt.

Durch den Zuzug vieler Araber haben in den letzten Jahren

weitere arabische Begriffe Eingang in den deutschen Sprachgebrauch gefunden, vor allem unter Jugendlichen. Deshalb möchte ich an dieser Stelle ein Schlaglicht auf einige dieser Wörter werfen – und auch die Schönheit dieser Begriffe beschreiben.

Mir ist aufgefallen, dass viele inzwischen die arabische Redewendung »Alhamdulillah« kennen. Deutsche benutzen diesen Ausdruck gern, wenn sie mit einem Araber reden. Sie rufen es uns gelegentlich entgegen, wenn Gerd und ich wieder mal erst auf den letzten Drücker zu einer Lesung erscheinen. Vielleicht denken einige, der Begriff bedeute übersetzt »endlich«. Das ist zwar nicht falsch, greift aber zu kurz.

»Alhamdulillah« bedeutet so viel wie »Gott sei Dank« und wir Araber danken Gott damit für wirklich alles Mögliche. Wir bedanken uns bei Gott selbst dann, wenn es eigentlich nichts zu danken gibt. Mit »Alhamdulillah« antwortet ein Araber zum Beispiel auf die Frage »Wie geht es dir?« (auf Arabisch: »Kifak?«), egal ob es ihm gut geht oder schlecht. Das »Al« am Anfang des Wortes wird oft verschluckt, übrig bleibt dann nur ein »Hamdulillah«.

Vor ein paar Monaten rief ich meinen Onkel in Syrien an. Er machte mir Vorwürfe, warum ich ihn so selten anrufe. Ich sagte: »Ja, lieber Onkel, ich weiß, dass eure Situation schwierig ist. Deshalb habe ich Angst davor, dich zu fragen, wie es dir geht.« Ich glaube, mein Onkel hat mich verstanden. Verstehen Sie mich auch?

Der Sohn der arabischen Sängerin Fairuz sagt in einem Theaterstück:

»Jedes Mal, wenn du mich fragst, wie es mir geht,
erinnerst du mich daran, wie schlecht es mir geht.
Also stell mir bitte nicht mehr diese Frage.«

So rechtfertigte ich mich gegenüber meinem Onkel. Er hätte

sich auf die Frage »Kifak?« zunächst bei Gott bedanken müssen mit »Alhamdulillah«, obwohl es ihm schlecht ging.

Meine Frau und ich sind nicht sonderlich religiös und froh, im laizistischen Deutschland zu leben. Dennoch versuchen wir die kulturelle Eigenart, sich für alles Mögliche beim Schöpfer zu bedanken, an unsere Kinder weiterzuvermitteln. Ist doch seltsam, oder? Wir bekreuzigen uns auch vor langen Autofahrten, was für andere bestimmt komisch aussieht. Aber unsere beiden Töchter lehnen dieses Kreuzzeichen ab. Wir bedauern es manchmal, dass unsere Kinder diese christlich-arabische Geste nicht übernehmen wollen. Es geht uns dabei gar nicht so sehr um die Religion, sondern eher um ein kleines kulturelles Erbe.

In Deutschland ist die Dankbarkeit gegenüber einem Weltenlenker weit weniger in die Alltagssprache eingeflossen als in Syrien. Auf die Frage, wie es einem geht, sagt man hier »gut« oder »schlecht« – nüchtern, direkt und explizit. Wenn ein Araber mit »Alhamdulillah« antwortet, drückt es immer auch ein Stück weit Dankbarkeit und Demut aus. Das vermisse ich manchmal in der deutschen Sprache. Es gibt im Deutschen zwar die Redewendung »Gott sei Dank!«, aber ich habe den Eindruck, sie wird nicht in der gleichen Weise benutzt.

Deutsche Jugendliche verwenden auch zunehmend ein anderes arabisches Wort, ich höre es oft auf dem Schulhof: »Maschallah«. Sie benutzen es als Kraftausdruck, wie ein »Wow!« oder »Toll!«, oder einfach nur als Füllwort.

Es bedeutet wörtlich übersetzt: »Was Gott will«, hat in der arabischen Welt jedoch noch eine weitergehende Bedeutung. Wenn wir zum Beispiel Besuch von einem Paar mit einem sehr süßen Baby bekommen, sagen wir: »Maschallah, was für eine Schönheit!« Oder meine Mutter sagt es, wenn unsere Tochter Cilina uns ein besonders schönes Stück auf dem Klavier vorspielt.

Es ist ein Ausdruck der Bewunderung, wenn man etwas Außerordentliches sieht oder erlebt.

Eine weitere Bedeutung von »Maschallah« ist, dass mit diesem Wort alles Negative, wie zum Beispiel ein Fluch, ein böses Omen oder einfach Neid vom Objekt der Bewunderung ferngehalten werden soll. Das über das Baby gebeugte »Maschallah« möge das Kind also auch vor allem Schlechten behüten. Interessant an diesem Ausdruck ist, dass er nicht religiös oder ethnisch geprägt ist. Er wird im Nahen Osten von Christen ebenso wie von Muslimen benutzt und sogar von nicht arabischen Menschen.

Der dritte arabische Ausdruck, der hierzulande zunehmend Gebrauch findet, ist »Inschallah«. Er bedeutet so viel wie »hoffentlich«, wörtlich übersetzt: »Wenn Gott will«. Ein arabischer Arzt wird am Krankenbett dem Patienten nach der OP in der Regel verkünden: »Machen Sie sich keine Sorgen. Alles wird gut, Inschallah.«

Dagegen ist es ein Gerücht, dass »Inschallah« immer für eine gewisse Unverbindlichkeit stehen würde. Oft drückt der Begriff eher Gottvertrauen aus. Wenn es etwa um eine Verabredung geht, sagt eine Syrerin oder ein Syrer vielleicht: »Ja, morgen um neun Uhr komme ich« und schließt den Satz mit »Inschallah« ab. Das heißt aber keineswegs, dass wir nicht den Vorsatz hätten, zur Verabredung zu erscheinen, sondern nur, dass wir uns auf den Willen Gottes verlassen.

Um jemanden zu trösten, sagen wir: »Inschallah, das ist das Ende der Trauer!« Um jemandem zu gratulieren: »Inschallah, tausend Mabrouk!« Zu einer jungen Frau: »Inschallah, wir sehen in dir die schönste Braut der Welt!« Und so sagen wir Ihnen zum Schluss dieses Kolumnentextes: »Inschallah, bleiben Sie gesund, Ihre Lektüre dieses Textes gereicht uns zur höchsten Ehre!«

Deine Mutter!

Neulich habe ich im Unterricht mit meiner Klasse über deutsche und arabische Redewendungen gesprochen. Ein Schüler sagte, er habe ein arabisches Sprichwort von einem Freund gelernt: »Das Paradies liegt unter den Füßen deiner Mutter.« Ich korrigierte ihn, korrekt heißt es nämlich: »Das Paradies liegt unter den Füßen *der Mütter.*« Die Redewendung bezieht sich auf Mütter allgemein. Es erinnerte mich daran, welch hohen Stellenwert die Mutter in der arabischen Gesellschaft besitzt.

In der letzten Kolumne haben wir über die Schönheit der arabischen Sprache geschrieben. Es stört mich, wenn ich den Jargon mancher arabischer Jungs auf dem Schulhof höre. Im Lehrerzimmer mussten wir kürzlich wieder einen Streit zwischen Schülern schlichten. Ein Lehrer fragte, was der Grund für den Streit war. Eine andere Lehrerin antwortete ihm: »Der Klassiker. Er hat seine Mutter beleidigt!«

Tatsächlich gibt es auf deutschen Schulhöfen ausgesprochen häufig Beleidigungen, die sich auf die Mutter beziehen, insbesondere unter Zuwandererkindern. Oft in einer Sprache, die so drastisch ist, dass sie hier nicht wiedergegeben werden kann. Wenn mir so etwas zu Ohren kommt, frage ich die Schüler, wie sie so schlimme Dinge sagen können, wo die Mutter doch einen so hohen Stellenwert in der arabischen Kultur hat.

Es hat mit Erziehung, mit der sozialen Schicht und mit Jugendkultur zu tun. In Syrien würden sich solche Jungs niemals trauen, öffentlich so zu reden und Beleidigungen gegen Mütter auszusprechen. Höflichkeit und respektvolle Sprache sind in Syrien sehr wichtig.

Die Mutter wird in Syrien oft wie eine Heilige verehrt. Ihr Wort hat Gewicht, der Respekt vor ihr ist groß, sie kann jede Unterstützung einfordern. Und diese Rolle behält die Mutter während des gesamten Lebens ihrer Kinder bei.

Wenn man in Syrien ein Anliegen an eine wichtige, aber unerreichbare Person richten will, wie zum Beispiel an einen Politiker oder Richter, versucht man manchmal, indirekt Einfluss zu nehmen. Wenn man über Beziehungen an die Mutter herankommt und sie von dem Anliegen so sehr überzeugt, dass sie mit ihrem Sohn darüber spricht, kann man das Problem meist als gelöst betrachten. Kaum ein Syrer, egal in welcher Position, wird es wagen, gegen den Rat seiner Mutter zu entscheiden oder ihr einen Gefallen auszuschlagen.

Der große Einfluss der Mutter führt bei Arabern manchmal sogar zu Eheproblemen. Das Wort der Mutter hat für Ehemänner oft mehr Gewicht als das Wort der Ehefrau. Das gefällt den Ehefrauen natürlich nicht. Dem Mann übrigens auch nicht, er sitzt dann zwischen zwei Stühlen und kann nur verlieren. Es mag auch in Deutschland Probleme mit übergriffigen Schwiegermüttern geben, aber ich vermute, in Syrien enthält dieses Verhältnis deutlich mehr Sprengstoff als hierzulande.

In Deutschland geht es viel um Gleichberechtigung zwischen

Mann und Frau, im Beruf und in der Gesellschaft. Ein Thema, das in Syrien sicherlich noch viel Entwicklungspotenzial hat. Aber die Rolle der Mutter in der syrischen Gesellschaft liegt in einer anderen Dimension. Es hat nichts mit Gleichberechtigung im europäischen Sinn zu tun, sondern damit, dass die Mutter in Syrien einfach den mit Abstand größten Respekt aller Familienmitglieder genießt, ihr Leben lang. Die Geschlechterrollen mögen in Syrien oft unterschiedlich belegt sein, aber das bedeutet nicht zwangsläufig, dass der Mann in allen Lebensbereichen über der Frau steht.

Auch ist die arabische Erziehung meist anders als die deutsche. Deutsche Kinder werden in der Regel zur Selbstständigkeit erzogen. In Syrien ist es dagegen eher ein Ziel der Erziehung, dass die Kinder anerkannte Mitglieder der Familie und Gesellschaft werden. Und die Erziehung beziehungsweise die starke Rolle der Eltern hört dort praktisch nie auf. In Deutschland können Eltern ihre Kinder loslassen, wenn diese erwachsen sind. Sie freuen sich vor allem dann, wenn die Kinder unabhängig sind und auf eigenen Füßen stehen. Eine solche Einstellung dürfte den meisten syrischen Eltern eher fremd sein.

Das Leben der Mütter in Syrien ist oft ein Leben für die Kinder und die Familie. Deutsche Mütter lieben ihre Kinder sicher genauso sehr wie syrische Mütter, aber sie machen mehr Dinge für sich selbst, mit Freunden, im Beruf oder durch Hobbys. Sie definieren sich nicht ausschließlich über ihre Mutter- oder Großmutterrolle. Selbstverwirklichung und ein glückliches Leben sind hier ein Teil der Sinngebung.

Vielleicht ergibt sich dadurch der große Respekt vor der Mutter in der syrischen Gesellschaft: Wenn eine Frau ihr Leben der Familie widmet, kann sie umgekehrt auch entsprechenden Respekt und Wertschätzung dieser Familie erwarten. Jedenfalls gibt es mit Blick auf die Mütter einen sehr großen kulturellen Unterschied zwischen meiner alten Heimat und meiner neuen.

Wir Araber lieben es ja gern ein wenig blumig. In dem Lied »Emmi« (»Meine Mutter«) der libanesischen Sängerin Nancy Ajram heißt es:

»Ich hatte mir zuerst überlegt, Blumen zu bringen
Aber ich habe mich daran erinnert, dass Blumen welken
Ich überlegte dann, dir Goldschmuck zu schenken
Ich hatte jedoch Angst, dass der Glanz des Goldes vor dir verblasst
Meine Mutter, man kann viel über dein warmes Herz erzählen
Und alles, was ich erzählen könnte, würde nicht ausreichen
Du bist der Frühling des Hauses
Und das Lied seiner Steine
Du bist seine Kerze in der Nacht
Und sein Lächeln am Tag.«

Deutsche Wärme

Diese Kolumne erschien am 02.07.2023

Man muss nur die Augen aufmachen oder den Fernseher anschalten: Deutschland hat wieder einmal seine Türen geöffnet für Menschen in Not aus anderen Ländern. Das war 2015 so, als meine Familie und ich nach Deutschland kamen. Im letzten Jahr wiederholte sich Geschichte, als eine Million ukrainischer Geflüchtete in Deutschland Aufnahme fanden.

Deutschland bietet Geflüchteten nicht nur Obdach und Verpflegung, sondern auch Zugang zu Bildung, Arbeit, gesellschaftlicher Teilhabe sowie fantastische Zukunftsperspektiven. Zuwanderer sind gut beraten, diese Angebote auch anzunehmen. Allen Unkenrufen zum Trotz – die Willkommenskultur in Deutschland ist herausragend und sucht in der Welt ihresgleichen. Das betrifft nicht nur die Institutionen in diesem Land, sondern auch die Menschen. Fast jede syrische Familie, die in den vergangenen acht Jahren hierhergekommen ist, kennt Deutsche, die sich ehrenamtlich um sie gekümmert haben. Vielen

Ukrainerinnen und Ukrainern geht es heute ebenso, obwohl auch sie als Fremde in dieses Land kamen.

Deutsche, kalt? Ich habe selbst in den vergangenen Jahren zahlreiche Gegenbeweise erfahren. Nachdem meine Frau Hala ihren Führerschein gemacht hatte, traute sie sich zunächst nicht, die Autobahn zu benutzen. Fast ein Jahr lang sind wir fast nur auf Landstraßen gefahren. Wir hatten das in einer unserer Kolumnen kurz erwähnt. Da schrieb mich eine Leserin aus Hannover an, ob sie mal vorbeikommen dürfe, um mit meiner Frau auf der Autobahn nach Hannover zu fahren. Tatsächlich kam sie nach Rotenburg und zeigte Hala das Fahren auf der Autobahn. Hala chauffierte uns schließlich bis ans Steinhuder Meer, wo wir einen schönen Tag hatten. Seitdem fühlt sich Hala auch auf der Autobahn sicher. Danke, Iris!

Einmal wollte mir ein Leser aus Hollern-Twielenfleeth schreiben, kannte aber meine Adresse nicht. Er schrieb nur »Samer Tannous – Rotenburg (Wümme)« auf den Umschlag. Der Brief kam natürlich zurück. (In meinem syrischen Heimatdorf wäre das nicht passiert. Da landen alle Briefe bei der Poststation des Dorfes und der Briefträger kennt jede Familie.) Dann schrieb er Gerd an mit der Bitte, den Brief an mich weiterzuleiten. Der Leser lud uns zum Essen in ein Restaurant ein. Da ich ihn nicht kannte, stand er zum verabredeten Zeitpunkt mit unserem Buch in der Hand vor dem Lokal und wir hatten einen sehr netten Abend. Den Nachtisch gab es bei ihm zu Hause. Danke, Reinhard!

Eine Frau lud meine Familie und mich einmal nach Bad Oldesloe ein und schlug vor, dass wir zwei Nächte bei ihnen übernachten sollten. Anfangs war ich skeptisch, zwei Tage bei völlig unbekannten Menschen zu bleiben. Auch meine Kinder fanden das seltsam. Aber aufgrund meiner bisherigen Erfahrungen mit den Deutschen sagte ich: »Lasst uns die Einladung annehmen und dann weitersehen!« Unsere Gastgeber bedachten uns mit überwältigender Gastfreundschaft und hatten alles so geplant, dass auch unsere Kinder sich willkommen fühlten. Eine solche Warmherzigkeit von wildfremden Menschen war etwas Besonderes für uns alle. Danke, Steffi und Gerd!

Vielleicht denken Sie jetzt, diese Beispiele seien nicht repräsentativ, weil sie sich auf Menschen beziehen, die durch unsere Kolumnen auf mich gestoßen sind. Aber ich weiß, dass viele Deutsche Fremden gegenüber sehr aufgeschlossen sind, auch ohne dass diese Texte veröffentlichen. Ich könnte zahllose Beispiele aus unserem Bekanntenkreis nennen. Von anderen Zuwanderern kenne ich viele erstaunte Berichte von schönen Erlebnissen mit Deutschen, die sehr freundlich und hilfsbereit ihnen gegenüber waren, ohne dass man sich vorher kannte.

Auch deshalb bin ich stolz, nun ein Deutscher zu sein. Ich bin nicht weiter nur derjenige, der Offenheit und Warmherzigkeit empfängt, sondern gehöre zur Geberseite.

Acht Jahre lebe ich bereits in Deutschland und hatte dieses Land seitdem nie verlassen. Vor zwei Wochen jedoch musste ich nach Stockholm zur Beerdigung eines Großneffen. Mein Bruder bat mich vorher um eine Kopie meines Passes, damit er die Flugtickets kaufen konnte. Es war das erste Mal, dass ich meinen deutschen Pass benutzte. Mit einem syrischen Pass hatte ich mich an Flughäfen immer etwas unsicher gefühlt, die Papiere wurden bei Kontrollen stets sehr intensiv geprüft. Aber der Besitz eines deutschen Passes machte mich selbstsicher und sorgenfrei. Am Flughafen gab es dann die große Enttäuschung: Niemand fragte mich nach meinem Pass, da es sich um innereuropäische Flüge handelte. In Syrien musste ich selbst bei Reisen innerhalb des Landes ständig meinen Ausweis zeigen. Überall gab es Checkpoints, an denen der Pass misstrauisch geprüft wurde und viele Fragen gestellt wurden.

Im Flugzeug nach Kopenhagen und später nach Stockholm fühlte ich mich fremd, da überwiegend Englisch oder Schwedisch gesprochen wurde. Innerhalb weniger Minuten verspürte ich eine große Sehnsucht nach Deutschland. Auf dem Rückflug nutzten wir dann eine deutsche Fluggesellschaft. Im Flugzeug wurde von Gästen und Flugbegleitern überwiegend Deutsch gesprochen. Sofort wurde mir warm ums Herz und ich fühlte mich verstanden. Aha, dachte ich, so fühlt es sich also an, zu den Deutschen zu gehören.

Chanel und Dior? Lieber Balzac und Flaubert!

Was ist Liebe? Auf Arabisch antwortet man: »Die Liebe ist für das erste Mal.« Man kann diese Replik nicht richtig ins Deutsche übersetzen. Es bedeutet ungefähr, dass die erste Liebe etwas ganz Besonderes ist. So verhält es sich auch bei Büchern. Das erste Buch, das man gelesen hat, bleibt oft besonders in der Erinnerung haften. Eine weitere arabische Redewendung lautet: »Ein Buch ist der beste Freund.« Dieser Satz scheint mir auch für viele Deutsche passend, denn Bücher haben in diesem Land immer noch einen besonderen Stellenwert.

Die Beziehung zu Büchern ist ähnlich wie die zu Menschen. Man trifft neue Charaktere, lernt sie kennen, einige entwickeln sich zu Freunden, die einen lange begleiten. Auf das Sofa, in den Urlaub. Sie helfen uns in vielen Lebenssituationen.

Das Bücherregal, das man zeit seines Lebens mit sich herumschleppt und das immer voller wird, prägt den Menschen. Es ist Teil seiner Träume, seiner Ängste, seiner Perspektiven und Ansichten.

Es gibt Stationen im Leben, bei denen man unter seinen Büchern aufräumen möchte oder muss, zum Beispiel, weil man umzieht. Welche Bücher nehme ich mit, welche brauche ich nicht mehr? Ich habe diese Situation nun bereits dreimal erlebt.

Als ich zum Ende meines Studiums in Frankreich nach Syrien zurückkehren musste, war das zulässige Höchstgewicht für meinen Koffer 20 Kilo. Die Hälfte davon ging bereits für meine Klamotten drauf. Die wenigen Bücher, die ich mitnehmen konnte, waren von Balzac, Hugo, Flaubert, Maupassant und Khalil Gibran.

Verwandte, die mich in Damaskus empfingen, fragten mich, was ich aus Frankreich mitgebracht hätte. Sie wunderten sich über die Bücher in meinem Gepäck und lachten mich aus. Sie erwarteten eher Geschenke oder Souvenirs, die ihrem Klischee von Frankreich entsprachen. In ihrer Vorstellung war Frankreich gleichzusetzen mit Paris und Paris die Stadt des Lichtes und des Parfüms. Bücher wären das Letzte, was sie aus Frankreich mitnehmen würden. Sie kennen aus Frankreich Namen wie Chanel und Dior, aber keinen Flaubert oder Maupassant. Ich aber war froh über meine Entscheidung und räumte meine Beute zufrieden zu Hause ins Bücherregal ein.

2015 stand unsere Ausreise nach Deutschland bevor und mir stellte sich erneut die Frage, welche Bücher in den Koffer kommen und welche ich dem Staub überlassen sollte. Mit welchem Buch konnte ich ein Stück Heimat nach Deutschland transportieren? Letztlich entschied ich mich für eine Trilogie meiner Lieblingsschriftstellerin Ahlam Mosteghanemi. Niemals hätte ich damit gerechnet, in Deutschland selbst mal zu einem Buchautor zu werden.

Die Liebe zu Büchern ist für mich typisch deutsch. Zwar kenne ich die Diskussion um die abnehmende Leseneigung auch hierzulande, gerade unter Kindern und Jugendlichen. Aber in Deutschland wird immer noch mehr gelesen als in vielen anderen Kulturkreisen, definitiv mehr als in Syrien. Wir haben in der Kolumne »Der Deutsche wohnt in einer Bücherei« schon einmal über die Liebe der Deutschen zum Lesen geschrieben. Wenn ich in Rotenburg durch die Straßen gehe, kann ich manchmal in Häuser schauen, wenn keine Vorhänge die Sicht versperren. Oft blicke ich dann in Wohnzimmer, wo ganze Wände mit Büchern vollgestellt sind. So wie bei meinem Freund Elmar, der in seinem Berufsleben Latein- und Geschichtslehrer war.

Vor zwei Wochen wollte er seine Bücherwände aufräumen und dabei auch aussortieren. Letzteres war vor allem der Vorschlag seiner Frau, die sich mehr Platz im Haus wünschte. Elmar schob diesen Schritt lange vor sich her. Zunächst fing er damit an, seine gesammelten Unterrichtsentwürfe in Altpapier zu verwandeln. Obwohl dies noch die leichtere Übung war, konnte man ihm die Schmerzen ansehen, die es ihm bereitete, diese Zeugnisse seines Lehrerberufes zu vernichten.

Als es darum ging, die vielen Regale mit Fachliteratur auszumisten, bat er mich um Hilfe. Eine komplette Bücherwand war historischer Lektüre gewidmet. Ich stand vor den hohen Regalen und blickte auf Werke mit Namen wie Luther, Napoleon, Marx, Stalin, Hitler und viele mehr. Ich fühlte mich sehr klein angesichts dieser großen Namen auf den Einbänden. Die Bücher übten eine so starke Faszination auf mich aus, dass ich mir kaum vorstellen konnte, auch nur eines von ihnen wegzuwerfen.

Auch Elmar wollte sich vor dieser schmerzhaften Operation drücken. Er saß zerknirscht auf einer Bank vor der Bücherwand.

Ich stieg auf die Leiter und fragte ihn, womit wir anfangen wollten. Er sagte: »Von oben nach unten!« Ich reichte ihm die Bücher eins nach dem anderen hinunter. Elmar blickte in jedes Buch hinein und beschloss, sie auf zwei Stapeln abzulegen: Links für die Bücher, die er behalten wollte, rechts diejenigen, die ins Altpapier sollten. Das Problem war, dass er alle Werke nach links ablegte. Ich stellte dieselben Bücher wieder ins Regal, die ich vorher entnommen hatte.

Nach dem ersten Regal sagte ich ihm, dass er keinen Platz gewinnen würde, wenn wir weiter so vorgehen würden, und ermutigte ihn, sich von mehr Büchern zu trennen. Das gelang ihm aber nur schwer. Am Ende hatten wir vielleicht zehn Prozent aussortiert. Die Bücherregale waren nun entstaubt, wir hatten aber kaum mehr Freiraum gewonnen. Elmar hatte die Aura eines Kämpfers nach der Schlacht. Er war erschöpft und sah sehnsüchtig auf die Kartons mit den aussortierten Exemplaren. Die Bücher, die wir lesen, sind Teil unseres Lebens. Geht ein Stück unseres Lebens verloren, wenn wir diese Bücher wegwerfen?

Ich fragte Elmar: Wann hast du dein erstes Buch gekauft? Er antwortete: »Mit 16 Jahren. Das Buch hieß *Deutsche Geschichte des 19. und 20. Jahrhunderts*, für 18 Deutsche Mark.«

»Und das letzte Buch?«

»Das hieß *Die römische Republik*. Ich habe es vor einem Monat gekauft.«

Ich fragte ihn, ob er es bereue, in seinem Leben so viele Bücher gekauft zu haben. Er verneinte sofort, weil diese Bücher nicht nur ihm, sondern auch nachfolgenden Generationen geholfen hätten, das Leben, die Menschen und die Welt zu verstehen. Er hatte Tränen in den Augen. Er liebt seine Bücher, jedes einzelne.

Deutsche Reflexe am Hotelpool

Keiner ist wie die Deutschen. Dies ist keine mathematische Gleichung, die eines Nachweises bedarf. Es ist meine Erfahrung aus unserem ersten richtigen Familienurlaub im Ausland. Für mich war es eine Art Studienreise.

Diesen Sommer war es so weit: Nach acht Jahren war es das erste Mal für meine Familie und mich, dass wir eine Woche im Ausland verbrachten – das Ziel war Spanien. Wir trugen dabei einen deutschen Pass bei uns. Als wir aufbrachen, fragte ich mich: Tragen wir nun die deutsche Staatsangehörigkeit nur als ein Stück Papier in unserer Tasche oder auch in unseren Herzen? Die Antwort auf diese Frage ist für meine Kinder ganz klar, weil sie sich ohnehin als hundertprozentige Deutsche fühlen. Aber meine Frau und ich rätseln schon hin und wieder, wie viel »Syrien« noch in uns steckt. Der Urlaub war diesbezüglich ein kleiner Test.

Früher habe ich auf unseren Workshops die teilnehmenden Zuwanderer gefragt, zu wie viel Prozent sie sich bereits als Deutsche fühlten. Ich erhielt regelmäßig Antworten wie: »60 Prozent«

und mehr, obwohl diese Menschen meist erst wenige Monate in Deutschland waren. Ich verblüffte sie dann stets, wenn ich ihnen sagte, dass ich mich selbst, auch nach mehreren Jahren in diesem Land, nur zu zehn Prozent als Deutscher fühlte, weil meine arabischen Prägungen noch stark durchschlagen würden. Nun aber, nach diesem Urlaub, komme ich für mich zu einer anderen Einschätzung. Ich würde sagen, ich bin inzwischen ein 80-prozentiger Deutscher. Mindestens.

Bislang haben wir in unseren Kolumnen meist Deutsche und Syrer verglichen. Im Urlaub hatte ich nun erstmals die Gelegenheit, die Deutschen mit anderen Europäern zu vergleichen. Obwohl Salou im spanischen Katalonien ein sehr touristisch geprägter Ort ist, trafen wir kaum Deutsche, dafür aber viele Briten, Iren, Franzosen und Spanier. Es war ein besonderes Gefühl, als einzige Deutsche zwischen all diesen anderen Europäern zu sein.

Schon am Flughafen Barcelona fielen uns Unterschiede auf. In Deutschland war alles irgendwie strukturierter und aufgeräumter als dort. Auf der anschließenden Busfahrt von Barcelona entlang der Mittelmeerküste nach Salou fühlten wir uns fast wie in Syrien: Die Olivenhaine, das Meer, die Zypressen und die trockene Luft weckten angenehme Erinnerungen an die alte Heimat. Meine Frau hatte Angst, weil der Busfahrer auf einer Landstraße mit einem Lkw rivalisierte und beide sich mehrfach gegenseitig überholten. Ich sagte zu ihr: »Was willst du? Auch das kennen wir doch aus Syrien!« Verkehrsregeln werden in Spanien wie in Syrien offenbar weniger strikt eingehalten als in Deutschland und die Menschen fahren insgesamt offensiver.

Als wir den Zielort Salou erreichten, dankten wir nach syrischer Sitte Gott dafür, dass wir gesund angekommen waren. Doch die nächste Gefahr ließ nicht lange auf sich warten: Als wir über einen Zebrastreifen gehen wollten, wurden wir fast überfahren. Unsere Kinder sagten: »Die müssen doch anhalten, wir Fußgänger haben hier Vorfahrt!« Sie haben schon eine starke deutsche Prägung.

Unser Urlaub war all inclusive, wir hatten alle so ein Bändchen am Handgelenk und brauchten weder für das Essen noch für Getränke zu bezahlen. Ich hatte nach dem Essen stets den Impuls, unser Geschirr abzuräumen, aber ich war anscheinend der Einzige mit diesem Gedanken. Am Pool beobachtete ich, dass viele Gäste ihre Gläser, die die Bedienung brachte, nur halb leer tranken und diese dann bei ihren Liegen stehen ließen, anstatt sie zurückzubringen. Das entrüstete mich immer wieder. Bei Saftflecken oder benutzten Taschentüchern auf dem Boden ging es mir ähnlich. Waren meine Reflexe typisch deutsch?

Bislang kenne ich Teutonen nur in ihrer angestammten Umgebung. Im Urlaub habe ich sie noch nie erlebt. Aber ich konnte mir nur schwer vorstellen, dass die meist ordnungsliebenden Deutschen ein solches Verhalten ertragen oder sogar mitmachen würden.

Wenn uns im Urlaub jemand fragte, woher wir kommen, antworteten wir spontan mit: »Germany!« Wir waren stolz, das sagen zu können, und fühlten uns ein bisschen wie Botschafter unserer zweiten Heimat. Wir haben entdeckt, dass es schön ist, Regeln zu haben und sich daran zu halten. Dass es nicht besonders wertschätzend ist, sich nur bedienen zu lassen und gedankenlos mit seinem Müll umzugehen. Deutsche nehme ich oft als umsichtiger und hilfsbereiter wahr.

Gerd hat mir erzählt, dass auch viele Deutsche sich im Urlaub nicht besonders vorbildlich verhalten, insbesondere in All-inclusive-Ferienanlagen. Dennoch haben wir viele typisch deutsche Verhaltensweisen im Urlaub vermisst. Und wir haben entdeckt, wie sehr das schon in unser Herz und Blut übergegangen ist. Dass wir es genießen, wenn alles ordentlich, zuverlässig und strukturiert zugeht. Ein weiteres Indiz: In der Woche in Spanien haben wir das deutsche Brot so sehr vermisst, dass wir nach unserer Rückkehr zuerst in eine Bäckerei marschiert sind.

Vor der Landung in Hamburg machte der Pilot eine letzte Durchsage: »Wir landen nun wie geplant und pünktlich in Hamburg.« Ich lächelte zufrieden.

Erschlagen Deutsche überhaupt noch Fliegen?

Hier in Deutschland können wir Neubürger jeden Tag etwas dazulernen. Zum Beispiel über den Umgang mit der Natur. Als Syrer fällt es mir schwer zu sagen: »über die Liebe zur Natur«. Wir Syrer mögen die Natur natürlich auch, aber für viele Deutsche ist es eine Passion. Es gibt hier Naturschutzgebiete, Landschaftsschutzgebiete, FFH-Gebiete, Vogelschutzgebiete und vieles mehr. Es existieren ganze Bibliotheken an Tierschutzverordnungen, Naturschutzgesetzen und Umweltvorschriften. Es gibt zig Naturschutzvereine und Verbände, wie den Nabu, BUND und viele weitere auf regionaler und lokaler Ebene.

In der Schule lernen die Kinder viel über die Umwelt und wie man sie schützt. Es gibt intensiven Biologieunterricht, einen Umwelttag in der Schule und »Waldkindergärten«, wo die Kinder den ganzen Tag draußen sind. All das gab es in meiner Kindheit in Syrien nicht. Ich kann vielleicht einen Apfelbaum von einem Zitronenbaum unterscheiden. Meine Töchter dagegen können zehn verschiedene Baumarten im Wald nur anhand der Blattformen auseinanderhalten. Auch kennen sie deutlich mehr Vogelarten als ich.

Es gibt einen weiteren Grund, warum es mir derzeit schwerfällt, von der »Liebe« zu Natur zu sprechen: eine groß angelegte Invasion von Stechmücken bei uns in Rotenburg. Bei Ihnen auch? Die obere Heeresleitung der örtlichen Mückenluftflotte hat in irgendeiner Lagebesprechung vor ein paar Wochen einen Großangriff mehrerer Divisionen auf jegliche freie Hautfläche in unserem kleinen Städtchen befohlen. Sie sind unerbittlich und hinterlistig. Während die größeren Jagdflieger die menschliche Flugabwehr im oberen Körperbereich ablenken, docken Schwadronen von unauffälligeren Exemplaren an den Waden an, um dort Verheerung anzurichten. Besonders abends überfallen sie uns auf dem Balkon oder die arglosen Kinder beim Spielen. Dabei sind Angriffe auf die Zivilbevölkerung im Krieg verboten.

Falls Sie sich jetzt fragen, ob es in Syrien keine Mücken gibt – doch, natürlich. Aber sie sind in Syrien auffälliger. Sie sind größer, sodass man sie besser hört als die kleinen Flugterroristen hierzulande. Die syrischen Mücken fragen uns vorher, wie ein Arzt, wohin wir die Spritze haben möchten, in den linken oder rechten Arm? Man kann sich vorbereiten. In Deutschland dagegen fragen die Mücken nicht, wohin die Spritze gehen soll, sie missachten unser Selbstbestimmungsrecht. Einige sind so winzig, dass man sie kaum hört oder sieht, es sind die Untergrundkämpfer der Mückenarmee. Man steht morgens auf und ist übersät mit Quaddeln.

Meine arme Tochter Cilina zeigt mir jeden Tag beim Frühstück ihre Einstiche. Ich sage ihr dann, dass die Mücken eine Rolle in der Natur haben, dass sich viele Vögel unter anderem von solchen Insekten ernähren. Das Gleiche gilt für die Wespen, die manchmal ebenso nervig und noch etwas gefährlicher sind. Zum Glück hält sich deren Armada in diesem Sommer mit Angriffen zurück. Völlig unbeantwortet ist noch meine Frage, welche Daseinsberechtigung eigentlich Zecken in der Natur haben.

Es gibt ein Sprichwort in Syrien: »Zwei Vögel mit einem Stein erschlagen.« In Deutschland sagt man: »Zwei Fliegen mit einer Klappe«. Aber erschlagen Deutsche überhaupt noch Fliegen?

Und falls Sie sich eben beim syrischen Sprichwort erschrocken haben, dann zu Recht. In Syrien wird nicht besonders rücksichtsvoll mit Vögeln umgegangen. Sie werden bejagt oder von Kindern mit Steinen beworfen. In Deutschland dagegen werden sogar Wespen unter Naturschutz gestellt und Spinnen oft lebend mit der Hand nach draußen getragen. Der Umgang mit Insekten in Syrien ist so burschikos, dass jeder Deutsche schockiert wäre. Dort fahren regelmäßig Fahrzeuge durch die Straßen, die Chemikalien versprühen, um die Städte mückenfrei zu halten.

Inzwischen habe ich von meinen Schülern gelernt, bei Wespenalarm nicht hektisch um mich zu schlagen, sondern ruhig zu bleiben und sie vorsichtig aufzufordern, aus dem Fenster zu fliegen.

Aber ich werde nicht so ruhig bleiben, wenn ein »Bitzi« auf meinem Dach wohnt. Bitzi ist ein Marder. Meine deutschen Freunde Elmar und Gitta haben ihn so genannt, er wohnt bei ihnen im Dach. Auf den Rat eines Kammerjägers hin haben sie ihm tagelang Musik vorgespielt, um ihn zu vertreiben. Ich gebe zu, dass meine Frau und mich das sehr belustigt hat. Leider ließ das Dauerkonzert Bitzi unbeeindruckt, ebenso wie andere schonende Methoden der Vergrämung, wie der Geruch von Diesel. Unsere Fragen, warum sie nicht härtere Methoden anwenden, wurden mit dem Hinweis auf den Tierschutz beantwortet.

Eines Tages rief ich im Haus der beiden nach Gitta. Ich hörte sie von Weitem antworten, sie sei auf dem Dach. Wie bitte? Ich ging wieder hinaus und sah sie auf einer langen Leiter, neben dem Kammerjäger auf dem Dach ihres Hauses. Ich fragte, ob sie eine weiße Fahne dabeihätte, um Bitzi ihre Kapitulation zu unterbreiten. Sie fand das nicht lustig und sagte, dass sie gerade versuchten, das Einstiegsloch des Marders in den Dachboden zu finden und zu schließen. Ich war skeptisch, da Bitzi ein schlaues Tier ist und bestimmt andere Zugänge finden würde. Vielleicht würde es helfen, wenn ich mit meiner Familie für ein paar Tage bei Elmar und Gitta einziehen würde. Unter Umständen könnten unsere fremde Sprache und unser lauter Alltag mit Kindern den ungeliebten Untermieter vertreiben.

Ich glaube, der Hauptunterschied zwischen Deutschland und Syrien in der Abteilung Tierschutz ist einfach, dass in meiner alten Heimat der Menschenschutz über dem Tierwohl steht. Aber wir lernen dazu. Die Haltung der Deutschen gegenüber der Natur ist in vielen Aspekten ebenso sinnvoll wie ansteckend. Ich lasse die Wespen leben und liebe es mittlerweile, wenn ich morgens Eichhörnchen in den Bäumen sehe oder beim Joggen Rehe auf den Feldern.

Neuzugewanderte müssen für den Umweltschutz in Deutschland sensibilisiert werden. Hat bei mir einigermaßen geklappt. Nur in Bezug auf Mücken wird meine Liebe zur Natur in diesem Sommer auf eine wirklich harte Probe gestellt.

Gänsehaut bei der Einheitsfeier

Wenn wir Syrer in der Stadt treffen, die uns zu sich nach Hause einladen, antworten wir mit: »Wir kommen gern, Inschallah. Es ist uns eine Ehre.« oder »Menzour Kon Belafrah!« Es bedeutet so viel wie: »Wir kommen zu euch in der Zeit der Fröhlichkeit.« Es passt in diese Jahreszeit, in der wir langsam beginnen, uns auf Weihnachten zu freuen.

Vor Kurzem wurde ich nicht von Menschen aus meiner alten Heimat eingeladen, sondern von meinem neuen Vaterland. Dieses hat mir die Ehre gegeben, einen besonderen Tag mit den Deutschen zu feiern: den Tag der Deutschen Einheit am 3. Oktober. Ich war Teil einer zehnköpfigen Bürgerdelegation, die das Land Niedersachsen beim Festakt zum Tag der Deutschen Einheit in Hamburg vertreten durfte. Wir wohnten mehrere Tage in einem Hotel vor Ort und nahmen an den offiziellen Feierlichkeiten teil.

Als 1989 die innerdeutsche Grenze überwunden wurde, war ich noch nicht in Deutschland. Ich kenne diese geschichtlichen Ereignisse vor allem aus dem Fernsehen, wenn Zeitzeugen über ihre

Erlebnisse und Gefühle berichten. Durch die Tage in Hamburg trage aber nun auch ich diese Freude über die deutsche Einheit in mir.

Für mich war die Teilnahme an der Einheitsfeier etwas ganz Besonderes. Am ersten Tag wurde jede der 16 Delegationen von einem Gästeführer begleitet, der eine Fahne des jeweiligen Bundeslandes trug. Zum Glück hatte meine Tochter vor Kurzem das niedersächsische Wappen in der Schule gelernt, dadurch konnte ich mich gleich der Gruppe unter dem weißen Pferd zuordnen. Im Hotel fand ich bereits mehrere Einladungen für die verschiedenen Festveranstaltungen. Sogar eine von unserem Bundespräsidenten, mit einem goldenen Adler darauf. Ich bekam eine Gänsehaut.

Ein Höhepunkt des Programms war der Gottesdienst im Hamburger Michel. Die gesperrten Straßen, das Orchester und der Chor in der Kirche sowie die Prominenz bescherten mir eine weitere Gänsehaut.

Dann folgte der Festakt in der Elbphilharmonie. Am Schluss sangen alle Anwesenden gemeinsam die deutsche Nationalhymne. Die dritte Gänsehaut kitzelte mir den Nacken. Das Gefühl in meinem Bauch in diesem Moment lässt sich nur schwer beschreiben, mir wurde fast schwindelig. Zum anschließenden Bankett in der Elbphilharmonie wurden wir an Tischen platziert, die reihum mit den Spitzen unseres Staates besetzt waren. Bundespräsident Steinmeier setzte sich für eine Viertelstunde zu uns, lernte uns kennen und hörte aufmerksam zu. Ich war sehr beeindruckt von seinem ehrlichen Interesse und seiner Bescheidenheit.

Diese drei Tage in Hamburg haben mich verändert. Es war eine unbeschreibliche Freude, mit den Deutschen ihr Land zu feiern und ihrer Geschichte zu gedenken. Ich fühlte mich einerseits geehrt, andererseits breitete sich ein erhebendes Gefühl in mir aus: Ich war nicht länger außen vor, sondern ich war »drinnen«, Teil von Deutschland, Teil eurer Mitte. Und ich kann nun die Freude der Deutschen aus dem Jahr 1989 nachempfinden, auch wenn im politischen Alltag heute meist nur noch wenig davon zu spüren ist.

Am Tag meiner Rückkehr fielen mir meine beiden Töchter um den Hals, als sie von der Schule zurückkamen. Christina sagte: »Ich bin mit dem Fahrrad 50 Stundenkilometer schnell gefahren, um dich wiederzusehen!« Die Rückkehr in mein normales Leben fiel mir schwer, da ich noch für einige Zeit mehrere Zentimeter über dem Boden schwebte. Ich musste mich erst wieder erden.

Am folgenden Schultag leitete ich eine etwas unschöne Unterrichtsstunde. Hier gab es ein paar Schüler mit Migrationshintergrund, die wirklich anstrengend sind, viel streiten und stören. Ich nahm sie zur Seite und versuchte, sie zur Vernunft zu bringen. Aber ich scheiterte, sie redeten weiter großspurig in ihrem Gangster-Slang und zeigten keinerlei Respekt. Jetzt war ich wieder auf dem Boden der Realität angekommen. Und auch in all den Schwierigkeiten, die mit der Integration von Migranten in diese Gesellschaft zusammenhängen.

Wenn Freunde mich fragen, ob man eine Einheitsfeier in Hamburg braucht, bevor man sich richtig als Deutscher fühlt, sage ich: »Nein. Es reicht, wenn man an einem Sonntagmorgen vor einer Bäckerei steht.« Warum? Letzten Sonntag ging ich morgens Brötchen kaufen. Wie immer gab es eine kleine Schlange vor der Bäckerei. Als ich mich in der Schlange umsah, bemerkte ich, dass ich der Einzige war, der offensichtlich einen Migrationshintergrund hat.

Ich fragte mich, weshalb das so ist. Offenbar essen die meisten

Zuwanderer in Rotenburg sonntagmorgens nur ihr eigenes Brot. Auch ich kaufe manchmal Fladenbrot vom Türken, aber nicht nur. Die Vielfalt des deutschen Brotes, der herrliche Geruch, den eine deutsche Bäckerei durch die Straßen schickt, die freundlichen und geduldigen Menschen in der Schlange, die Bekannten, die man dort trifft, und die Vorfreude auf die noch ofenwarmen Brötchen – all das gibt mir ein herrlich deutsches Gefühl. In dieser Situation könnte der Sensor bei Zuwanderern aufleuchten, dass man in Deutschland angekommen ist.

Während ganz Deutschland über die Begrenzung von Zuwanderung diskutiert, machen Gerd und ich uns viele Gedanken zum Thema Integration. Wie wird man ein Teil dieses Landes? Heute lautet meine Antwort: »Indem man das Brot teilt!«

Sind wir bei der Wohnungssuche zu anspruchsvoll?

Rainer Maria Rilke sagte über den Herbst: »Wer jetzt kein Haus hat, baut sich keines mehr.« Ich weiß nun: Auch ich baue mir kein Haus mehr. Und es wird Winter.

In Syrien ist es ein Lebensprojekt, ein Haus zu bauen. Es hat viel mit der eigenen Zukunftssicherung zu tun und schafft einem eine dauerhafte Verbindung mit seiner Heimat. Die meisten Syrer versuchen, in ihrem Geburtsort ein Haus zu bauen. Wer das nicht macht, obwohl er die Möglichkeiten dazu hat, dem wird ein mangelnder Bezug zu seiner Heimat unterstellt.

Auch war es in Syrien eigentlich nicht statthaft zu heiraten, bevor man ein Haus besitzt oder zumindest mit dem Bau begonnen hat. Ein zukünftiger Schwiegervater wird einem Mann, der um die Hand der Tochter anhält, die Frage nach einem Haus direkt nach der Frage zu einem festen Arbeitsplatz stellen. Junge Männer kaufen oder bauen sich oft zunächst einen Rohbau, der in mehreren Schritten langsam vervollständigt wird.

Phase eins: Fundament und ein unverputztes Erdgeschoss. Phase zwei: Der Elektriker zieht die Leitungen. Phase drei: Türen und Fenster. Phase vier: der Außenputz, dann die Fliesen und so weiter. Zwischen diesen Phasen vergehen manchmal mehrere Jahre. Vor jeder Phase gilt es, die entsprechenden Handwerker zu finden und das nötige Vertrauen aufzubauen. Schriftliche Verträge sind nicht üblich. Der Hausbau in Syrien ist manchmal eine unendliche Geschichte.

Vor acht Jahren sind wir nach Deutschland gekommen und haben bei null angefangen. Seitdem haben wir uns Stück für Stück hochgearbeitet: Deutsch lernen, die erste Wohnung, einen Job finden, Führerschein machen, Autokauf, eine feste Stelle in der Schule und so weiter.

Wir sind grundsätzlich zufrieden mit unserem Leben, aber langfristig brauchen wir mehr Platz. Seit sieben Jahren wohnen wir in einer Dreizimmerwohnung. Unsere Töchter, die sich ein Zimmer teilen, werden immer größer. Beide wünschen sich ein eigenes Zimmer. Da hilft es nur wenig, wenn ich ihnen erzähle, dass meine Geschwister und ich früher zu viert in einem Zimmer geschlafen haben.

Schon seit Längerem sind wir auf der Suche nach einer neuen Bleibe, aber es gibt nicht genügend freien Wohnraum in Rotenburg und es wird kaum noch gebaut. Die Zinsen sind hoch, ebenso wie die Preise für das Baumaterial. Handwerker sind knapp und in der gegenwärtigen Situation haben fast alle Bauträger ihre Investitionen zurückgestellt. Auch die öffentliche Hand kann beim Wohnungsbau nicht ohne Weiteres einspringen. Ein Umzug in eine andere Stadt würde das Problem kaum lösen. Er käme für unsere Kinder ohnehin nicht in die Tüte, sie sind hier ihrem Freundeskreis verbunden.

Ich bin zwar nicht in Rotenburg geboren, dennoch würde

ich gern meine Verbindung zu unserer zweiten Heimat durch Wohneigentum ausdrücken. In Rotenburg ein Grundstück zu kaufen, um darauf ein eigenes Haus zu bauen, ist für uns jedoch nicht mehr zu schaffen. Ich war 46 Jahre alt, als wir nach Deutschland gekommen sind. Die Zeit, in der meine Frau und ich noch im aktiven Arbeitsleben sind und in die Rentenkasse einzahlen können, ist begrenzt. Dadurch würden wir nur schwer eine Baufinanzierung gewährt bekommen.

So sind wir seit einer Weile auf der Suche nach einer größeren Mietwohnung in Rotenburg. Das Problem dabei ist, dass wir zu anspruchsvoll sind. Aus Syrien sind wir es gewohnt, auf einer Etage zu wohnen. Kürzlich hatten wir hier in Rotenburg eine schöne Wohnung besichtigt, die aber auf drei Etagen aufgeteilt war. Wir entschieden uns dagegen, weil wir uns nicht vorstellen konnten, im Alltag ständig zwei Treppen rauf- und runterzulaufen. Die Kinder möchten nicht in einem anderen Stockwerk schlafen als die Eltern. Und das Spitzdach raubt viel Stellfläche an den Wänden.

Wir haben auch einige schöne Wohnungen mit weniger Treppen und großen Zimmern gesehen. Diese hatten aber leider nur eine kleine Küche. Das ist pragmatisch und typisch deutsch, zeigt aber einen großen kulturellen Unterschied. Wir Syrer sind es gewohnt, auch einen Tisch mit Stühlen in der Küche zu haben, damit man beim Kochen nicht allein ist und sich unterhalten kann. Regelmäßige Leser dieser Kolumne wissen, dass wir Syrer manchmal ganze Tage in der Küche verbringen.

Es gibt auch freie Wohnungen mit größeren Küchen, allerdings in einer Wohngegend, in der viele Araber Tür an Tür leben. Wir möchten nur ungern in dieses Viertel ziehen, da wir gern in einer gemischten Nachbarschaft wohnen, Tür an Tür mit Deutschen.

Wir finden also immer ein Haar in der Suppe und es wird für uns schwierig, etwas Passendes zu finden. Ich weiß nicht, ob wir uns unseren Wunsch nach einer eigenen oder zumindest größeren Wohnung jemals erfüllen können oder ob wir diesen Traum an unsere Töchter vererben werden. Auch unerfüllte Träume haben eine wichtige Funktion im Leben: Sie sind eine Triebfeder, um weiterzumachen!

Keksduft und Rückenmassagen

Ein neues Jahr hat begonnen, die Deutschen stellen ihre Tannenbäume vor die Tür und gehen wieder zur Arbeit. Alle räumen auf. Ich bin ein wenig melancholisch – die für mich schönste Zeit des Jahres in Deutschland ist schon wieder viel zu schnell vorüber. Das deutsche Weihnachten ist etwas Besonderes, das es sonst fast nirgendwo auf der Welt in dieser Form gibt. Wissen die Deutschen das eigentlich?

Zuwanderer empfinden Deutschland im Winter manchmal als besonders kalt, nicht nur was die Temperaturen angeht. In dieser und in unserer nächsten Kolumne wollen wir näher darauf eingehen. Mein Tipp an alle Zuwanderer, die sich so fühlen: Ihr müsst euren Wärmesensor einschalten! Dieser führt mich in der Adventszeit zum Beispiel auf die deutschen Weihnachtsmärkte. Hier werden nicht nur Glühwein, Würstchen und Wollsocken verkauft, sondern es wird auch zwischenmenschliche Wärme verschenkt. Man muss nur in die Augen der Besucher schauen, schon das stellt einem einen kleinen Ofen in die Seele.

In Hamburg näherte ich mich mit meiner Familie im Dezember etwas durchgefroren einem Weihnachtsmarkt, der komplett mit kleinen Tannenbäumen umgeben war. Ich hatte das Gefühl, die Deutschen hätten für uns den Wald in die Stadt gebracht, um uns zu zeigen, dass selbst im kalten Forst ein Lichtlein leuchtet, das Wärme spendet. Es war, als hätte sich ein Filmproduzent diese Szene ausgedacht. Nach acht Jahren in Deutschland beginne ich, das sehr spezielle Wort »Gemütlichkeit« (das es fast nur im deutschen und skandinavischen Sprachraum gibt) nicht nur zu verstehen, sondern endlich auch zu fühlen.

Auf dem Weihnachtsmarkt trafen wir deutsche Freunde, die unseren Kindern Lebkuchenherzen mitgebracht hatten. Das eine trug das Wort »Sunny«. Cilina sagte: »Jetzt scheint doch gar keine Sonne.« Ich sagte: »Merkst du nicht, wie die Sonne in deinem Herzen ist?« Zu Hause haben wir mit unseren Kindern dann ein Lebkuchenhaus gebaut. Das festliche Gebäck macht die Weihnachtsstimmung greifbar.

Die Weihnachtszeit ist eine deutsche Spezialität. Im ganzen Dezember wird man umweht von Keksduft. Jeden Tag wird ein Türchen im Kalender geöffnet, es werden schöne alte Weihnachtslieder gesungen, man fiebert dem Fest entgegen. Der Weihnachtsbaum wird meist erst kurz vor dem Fest aufgestellt und bleibt bis zum Dreikönigsfest. An Heiligabend gibt es die Bescherung und dann wird zwei Tage lang Weihnachten gefeiert. Freunde schreiben sich Karten und verschenken selbst gebackene Plätzchen. Wir finden das großartig!

Viele Deutsche halten das für normal, das gibt es aber so in kaum einem anderen Land. Weihnachten findet für Christen im Rest der Welt meist nur am ersten Weihnachtstag statt, der Baum ist meist aus Plastik, Adventskalender sind dort in der Regel unbekannt und Weihnachtslieder beschränken sich oft auf irgendwelche Popsongs. Insbesondere in südlicheren Ländern hat die Weihnachtszeit viel weniger Gewicht. Dort fehlt auch die kalte Witterung draußen, die es im warmen Zuhause, auf Weihnachtsmärkten und in Kirchen so gemütlich macht und die Menschen zusammenbringt. Aber auch zum Beispiel in den Niederlanden wird Weihnachten weniger intensiv gefeiert, dort steht der Nikolaustag im Fokus. Und selbst im kalten Schweden wird Weihnachten nicht so innig begangen wie in Deutschland. Touristen aus Nachbarländern reisen in Bussen zu den hiesigen Weihnachtsmärkten, zum Beispiel nach Celle, Lüneburg oder Lübeck. Ja, natürlich spielt in der deutschen Weihnachtszeit auch der Kommerz eine Rolle. Aber in manch anderen Ländern kann es einem fast so vorkommen, als wäre Weihnachten auf den Kommerz begrenzt.

Wir haben von den Deutschen gelernt, jedes Jahr einen Adventskalender für unsere Töchter vorzubereiten, sie lieben das. Aber diesmal drehten sie den Spieß um. Anfang Dezember überraschten uns die beiden mit einem selbst gebastelten Adventskalender an den Wänden unseres Schlafzimmers. Überall waren Tüten mit Zahlen angeklebt, es war zum Niederknien. Die Tüten enthielten jeweils ein kleines Geschenk und beschriebene Karten. Eine Auswahl:

Tag 1: »Ihr habt Glück, denn heute wird gemacht, was ihr möchtet, das heißt, wir hören den ganzen Tag nur auf euch.«

Tag 10: »Welcome to Christina und Cilina Restaurant. Heute machen WIR Frühstück.«

Tag 19: »Einmal Rückenmassage.«

Tag 20: »Nach jeder Mahlzeit werden WIR den Tisch abräumen.«

Tag 21: »Heute sind wir musikalisch. Wann ihr wollt, spielen wir euch was vor.«

Verstehen Sie, warum ich so traurig bin, dass die schöne Weihnachtszeit zu Ende ist?

Klischees unter Zuwanderern

Vor Kurzem habe ich auf Facebook einen Post von einem arabischen Zuwanderer gesehen, der in Deutschland lebt. Der Post bestand aus einem Bild, das zwei pittoreske, aber leere Straßen einer Altstadt rechts und links von einem Gebäude zeigte. Das Haus lag in einem warmen Licht, aber die Straßen waren leer. Der Verfasser kommentierte das Bild ironisch: »Das Schönste in Europa ist, abends nach der Arbeit nach Hause zu kommen. Man möchte runter auf die Straße gehen für ein bisschen frische Luft, ein Sandwich oder einen Falafel und ein bisschen Kommunikation mit anderen Menschen. Nur zehn Minuten. Aber hier besteht der Feierabend aus einer Fertigsuppe in der Wohnung, um am nächsten Tag wieder zur Arbeit zu gehen.«

Der Post erzeugte viele Kommentare. Zuwanderer tauschten darin ihre Ansichten über leere Straßen und das Leben in Europa und Deutschland aus. Es gab sehr unterschiedliche Ansichten dazu.

Ein häufig anzutreffendes Klischee bei Zuwanderern ist, dass man in diesem Land Depressionen bekommt. Wie schon bei den alten Römern wird Germanien beschrieben als kalt, dunkel und wenig kommunikativ. Gerd meint, da sei vielleicht auch etwas dran. Aber ich glaube, das Klischee entsteht bei Ausländern, weil sie das Land nicht richtig kennen. Viele Zuwanderer haben vielleicht Kontakte, aber selten echte Freundschaften mit Biodeutschen, und sie werden nur wenig in deren Leben einbezogen. Sonst hätten sie ein anderes Bild.

Manche Zuwanderer leben in Deutschland, aber nicht unter Deutschen. Und sie machen sich selten die Mühe, genau hinzusehen. Sie denken, Deutsche arbeiten entweder oder sitzen zu Hause rum. Sie sehen nicht, wie voll und bunt das Leben vieler Menschen hier ist. Wie oft sich Deutsche gegenseitig einladen, wie viele Freizeitaktivitäten und Hobbys sie haben, wie aktiv sie sind.

Natürlich sind die meisten Deutschen tatsächlich weniger kommunikativ als die Mehrzahl der Araber. Wenn man in Hannover nach dem Weg fragt, wird die Antwort etwas nüchterner ausfallen als in Aleppo. Aber unter Freunden und Bekannten sind Deutsche durchaus gesprächig, mitteilungsfreudig und gesellig. Das kann man als Zuwanderer jedoch nur dann bemerken, wenn man zu diesem Kreis zählt.

Deutsche sind ganz anders, als viele Zuwanderer sie sich vorstellen. Und das Land bietet so unglaublich viele Chancen! Mir fallen die vielen Möglichkeiten der Lebensgestaltung in Deutschland auf, die Angebotsvielfalt. Kinder und Jugendliche hier haben eine so unglaubliche Breite an Optionen, ihr Leben zu leben. Das fällt mir auf, wenn ich Schüler auf dem Pausenhof sehe, die sich küssen, wenn ich Kinder sehe, die auf dem perfekten Fußballrasen der Sportanlagen trainieren, oder wenn ich mich mit Jugendlichen über deren Freizeitaktivitäten, Reisen und Zukunftspläne unterhalte.

Heute frage ich mich, wie mein Leben ausgesehen hätte, wenn sich mir in jungen Jahren all diese Möglichkeiten eröffnet hätten. Wäre ich glücklicher gewesen? Hätte ich diesen Reichtum an Optionen besser zu schätzen gewusst, als es junge Deutsche tun? Bin ich jetzt zu alt, um davon zu profitieren?

In Deutschland muss man sich nicht alt fühlen, denn auch für die höheren Jahrgänge gibt es eine Fülle von Möglichkeiten, das Leben zu gestalten. Vergangene Woche bin ich in einer Freistunde zum Bäcker Schrader gegangen, wo es immer so gemütlich ist. Plötzlich war ich unter Rentnern. Ich dachte mir, was für ein schönes Leben diese Ruheständler haben. Sie treffen sich mit ihren Freundinnen und Freunden, schwatzen und lachen viel. Es kann offenbar schön sein, Rentner in Deutschland zu sein. Ich bin zwar nicht in Deutschland geboren, aber vielleicht habe ich später die Chance, auch so ein deutscher Ruheständler zu werden.

Ich bemerke, dass ältere Menschen in Rotenburg an erstaunlich vielen Aktivitäten teilnehmen, die das Leben ihnen anbietet. Sie fahren viel mit dem Fahrrad, reisen oft, machen Pläne und organisieren Veranstaltungen. Was für eine bewundernswerte Art, mit dieser Lebensetappe umzugehen. Fast alle Ruheständler, die ich kenne, haben Hobbys oder engagieren sich in karitativen Organisationen. In Syrien wären sie damit eine Ausnahme! Dort sitzen die alten Männer meist im Café, wo sie Karten spielen oder würfeln. Die Frauen sind zu Hause und kümmern sich um die Wohnung oder die Enkel.

Mich beeindruckt die Leidenschaft der deutschen Rentner, wenn eine Gruppe auf Fahrrädern an mir vorbeiradelt. Ich habe meine Frau gefragt, ob sie sich auch uns später mal als Teil einer solchen Rentner-Fahrradtour vorstellen könnte. Sie lachte. Werden wir die Kraft dazu haben?

Das Leben ist schön und man ist nie alt – das ist die Luft, die ich in Deutschland atme. Ich hoffe, dass noch viele Zuwanderer diesen schönen Duft ihrer neuen Heimat kennenlernen.

Ich hab den Blues

Kennen Sie das Gefühl der Unzufriedenheit, obwohl man eigentlich zufrieden sein müsste? So geht es mir gerade. Wir Araber danken gern Gott für alles Mögliche. Nach acht recht produktiven Jahren in Deutschland ist meine Liste für dieses »Alhamdulillah« ziemlich lang: eine Wohnung, ein kleines Auto, eine feste Arbeitsstelle, das deutsche Gesundheitssystem, Freiheit und Sicherheit und vieles mehr. Dazu die beste Ehefrau von allen, zwei liebe Kinder und Freunde. Wir haben eigentlich alles, was wir brauchen.

Für eine Waschmaschine oder eine Spülmaschine hätte ich in Syrien einen Kredit aufnehmen müssen, hier ist mein Gehalt für solche Anschaffungen ausreichend. Oft sage ich zu meiner Frau: »Was für ein Glück, dass wir in diesem Land leben.«

Wir haben sogar ein E-Piano, auf dem unsere Töchter uns manchmal etwas vorspielen. Kürzlich spielten sie »Kommt ein Vogel geflogen« und ich musste an mein Leben und den Titel unserer Kolumnen – »Kommt ein Syrer nach Rotenburg (Wümme)« – denken. Aber das Leben spielt nicht nur fröhliche Lieder. Seit einigen Tagen ist Moll meine dominante Tonart.

Derzeit denke ich oft, wir drehen uns im Kreis. Ich habe einen Punkt erreicht, wo ich das Gefühl habe, dass sich nichts mehr bewegt. Ich würde gerne mehr nach vorn schauen und nicht nur zurück. Wie Sisyphos schiebe ich einen Stein, ohne dass es wirklich weiter bergauf geht. Ich bin schon ein wenig zu einer deutschen Maschine geworden, die gut geölt läuft, aber die die eingefahrenen Bahnen nicht mehr verlässt.

Die ägyptische Sängerin Umm Kulthum singt in einem ihrer Lieder: *»Ich langweile mich beim Warten auf dich. Ich lege meine Hand auf meine Wange und sage zu mir: ›Hätte ich doch nur …‹«*

Ich bin zum Beispiel immer frustrierter über unsere Wohnung, die zu klein für uns ist. Und je größer unsere Töchter werden, umso kleiner wird sie. Jede der beiden wünscht sich immer mehr ein eigenes Zimmer, der Vater wünscht sich ein Arbeitszimmer und die Mutter einen kleinen Garten.

Wenn unsere Töchter mich fragen, wann wir endlich eine größere Wohnung finden, sage ich »Inschallah«, wenn Gott will. Aber es wird immer mehr zur leeren Phrase, es ist wie das Warten auf Godot.

Kürzlich haben wir nach langer Zeit endlich mal wieder eine passende Wohnungsanzeige im Internet gefunden. Ich meldete mich sofort bei dem Makler, aber wir bekamen nicht mal einen Besichtigungstermin. Lag es an meinem ausländischen Namen? Ich war am Boden zerstört.

Ich arbeite viel und bin so zugeplant, dass ich kaum noch Lücken im Kalender habe. Manchmal frage ich mich, ob es sich noch lohnt, arbeiten zu gehen, wenn man kaum noch Muße hat. Mein Einkommen ist höher, als mein Anspruch auf Bürgergeld wäre, aber der Abstand ist nicht sehr groß.

Und noch immer ist da diese innere Stimme, die mir zuflüstert, dass ich irgendwie nicht ganz dazugehöre. Trotz meiner festen

Lehrerstelle und der deutschen Staatsbürgerschaft parke ich mein Auto, anders als meine Kollegen, bei der Arbeit nicht auf dem Schulgelände. Ich parke immer noch an der Straße. Kürzlich fragte ich mich, warum ich das eigentlich tue. Welche unsichtbare Grenze hält mich davon ab, denselben Parkplatz wie meine deutschen Kollegen zu nutzen? Das Gefühl, hierherzugehören, ist noch nicht so tief in mir verwurzelt, wie ich es gerne hätte. Ich fühle mich noch immer ein bisschen als Fremder. Und das liegt nicht an den Deutschen, sondern an mir. »Dies ist mein Land«, sagt mein Kopf, aber im Herzen muss dieser Satz noch fester verankert werden.

Es hat vielleicht auch mit der Sprache zu tun. Wenn ich mich mit einem deutschen Freund unterhalte, kommen oft gute Gespräche zustande. Ich verstehe alles und kann mich ausdrücken. Aber sobald eine dritte Person dazukommt, ist es vorbei. Plötzlich reden da zwei Biodeutsche in ihrem hohen Sprechtempo, mit ihren eigenen Codes, mit Andeutungen, Metaphern und einem Humor, den ich selten verstehe. Dann bin ich raus.

Kürzlich waren wir auf einer Lesung in Eutin in Schleswig-Holstein. Auf dem Weg dorthin sagte Gerd mir, dass die Menschen in diesem Bundesland gemäß dem Glücksatlas die glücklichsten in Deutschland seien. Kann mir bitte mal jemand etwas von diesem Glücksgefühl abgeben? Ich könnte es gerade gut gebrauchen.

In Eutin fand an diesem Abend ein Bluesfestival statt, das passte zu meiner Stimmung. Auf dem Marktplatz wälzte ich mich ein paar Takte in meiner Trauer. Dann lud Gerd mich auf ein Bier ein. Er meinte, ein Bier mit einem Freund sei immer ein probates Mittel gegen eine Frühjahrsdepression. Es war ein erster Schritt.

Bin ich ein Huhn?

Als wir in einer Kolumne die Deutschen bildlich als »Maschinen« bezeichneten, gab es vereinzelt Entrüstung in den Kommentaren. Dabei war dieser Begriff keineswegs als Kritik gemeint. Dennoch möchte ich Ihnen heute von einem neuen Bild erzählen, das ich mit den Deutschen assoziiere. Wie wäre es statt einer »Maschine« mit dem »Kämpfer«? Bevor manch Leser sich nun über dieses erneut schiefe Bild und die unzulässige Verallgemeinerung beschwert, sei gesagt: Es ist nur eine ganz persönliche und subjektive Vorstellung, die mir hilft und die tatsächlich auf einem kulturellen Unterschied beruht.

Seit etwa zwei Monaten habe ich die deutsche Staatsangehörigkeit. Der neue Deutsche, als der ich hier gerade auf dem Sofa sitze, war kürzlich dabei, ein Selbstgespräch mit dem Syrer zu führen, der ich bis vor Kurzem war.

Der Syrer in mir sprach zu dem Deutschen: »Ich war erkältet, es ist sehr kalt und ich war drei Tage nicht mehr joggen.« Der Deutsche in mir entgegnete: »Hast du Lust, mich zu begleiten? Ich gehe regelmäßig joggen.« Der Syrer in mir wollte eigentlich lieber Tee trinken und weiter auf der Couch sitzen. Der Deutsche in mir fuhr fort: »Ich mag keine Ausnahmen. Das Laufen ist uns doch mittlerweile zum Ritual geworden, du läufst schon mit großer Regelmäßigkeit. Und das Wetter darf nie ein Grund sein, nicht zu joggen. Du weißt doch: Es gibt in meinem Land kein schlechtes Wetter, nur schlechte Kleidung.« Der Deutsche in mir hatte die Diskussion gewonnen, also zog ich mich warm an und lief wie gewohnt meine Runde.

Beim Laufen kann man gut nachdenken, mir purzeln dabei oft interessante Gedanken durch den Kopf. Ich dachte über mein vorher geführtes Selbstgespräch nach. Warum sucht der Syrer in mir so oft nach Ausreden? Während dieser Joggingrunde entwickelte sich in mir ein neues Bild von den Deutschen.

In den vergangenen Wochen war ich so müde! Von dem Vorweihnachtsstress, von der Grippe meiner Kinder, meinem eigenen Infekt, der mich ans Bett gefesselt hat. Von der Arbeit in der Schule, wo viele Lehrerkollegen wie auch Schülerinnen und Schüler erkrankt waren und dennoch Klausuren geschrieben werden mussten. Mein Leistungsniveau in der Schule wie auch im Haushalt sank. Vielleicht sollte ich früher ins Bett gehen, so wie die Deutschen. Ich beschloss, in dieser Woche jeden Tag schon um 21 Uhr schlafen zu gehen.

Meine Frau Hala wunderte sich. Früher in Syrien hatte ich sie manchmal damit gehänselt, dass die Leute in ihrem altmodischen östlichen Wohnviertel immer schon so früh ins Bett gingen, »wie die Hühner«, während in dem moderneren Westteil, in dem ich lebte, noch gefeiert wurde. Und jetzt war ich selbst zum Huhn geworden und ging vor meiner Frau schlafen? Nein, ich bin nicht zum Huhn geworden, sondern zum Deutschen, der nach der Arbeit kaputt ist, morgen früh wieder aufstehen muss und leistungsfähig sein will. Deutschland, speziell Rotenburg, ist ein wenig wie der Ostteil unseres Heimatdorfes. Das alles fiel mir beim Laufen ein.

Als ich weiterlief, kam ich auf einen unbeleuchteten Weg. Ich hatte etwas Sorge, dass mein Herz wieder Probleme machen würde und mich niemand finden würde, falls mir jetzt etwas passierte. Aber ich drehte nicht um, sondern lief weiter, weil ich meine Runde auf jeden Fall schaffen wollte.

Vor einem Supermarkt sah ich in der Kälte einen Mann in Arbeitskleidung, mit Cargohose und Rucksack. Im Halbdunkel erschien er mir wie ein Soldat. Wahrscheinlich hatte er eine Tupperdose und eine Flasche Wasser in dem Rucksack. Ein Deutscher ohne Flasche Wasser ist kein Deutscher. Plötzlich hatte ich dieses Bild von einem Kämpfer vor Augen. Du musst als Deutscher nicht schick gekleidet sein, sondern praktisch und bequem. Du machst deinen Job, auch wenn es kalt ist. Du solltest auf alle Eventualitäten vorbereitet sein. Vor allem immer genügend Wasser haben. Du kannst auch mal etwas genießen, aber erst mal musst du dich dem Kampf des Lebens stellen.

Im letzten Abschnitt meiner Laufrunde an diesem Abend war ich schon sehr erschöpft. Ich überlegte ständig, ob ich aufhören sollte zu joggen, um den Rest der Strecke zu gehen. In mir gab es erneut einen Disput zwischen dem Syrer und dem Deutschen. Früher beim syrischen Militär mussten wir auch bestimmte Strecken laufen und bekamen drakonische Strafen, wenn wir es wagten, stehen zu bleiben oder zu gehen. Es war, als ob ein bissiger Hund hinter dir herlief. Nun lief kein Hund hinter mir und es wartete auch kein übel gelaunter Spieß an einem Kasernentor. Dennoch lief ich weiter. Warum eigentlich? »Hallo, ich bin's!«, rief da der Deutsche in mir. Als ich an der Haustür ankam, war ich erschöpft, glücklich und stolz und ich freute mich auf die warme Dusche, das Sofa und die Weihnachtsferien mit meiner Familie. Ich habe es geschafft.

Auf der Demo

Diese Kolumne erschien am 23.01.2024

Bislang war es unser Prinzip, in diesen Kolumnen nicht über Politik zu schreiben. Das hatte verschiedene Gründe. Ich habe mich immer als Vermittler zwischen den Kulturen gesehen und als Botschafter, wollte mich aber nicht in politische Diskussionen einmischen.

Als eine Kollegin mich vor dem letzten Wochenende gefragt hat, ob wir uns am nächsten Tag in der Stadt treffen würden, wusste ich nicht, was sie meinte. Sie sagte: »Auf der Demo gegen rechts« und erzählte von der geplanten Veranstaltung in unserer Stadt. Zu Hause überlegte ich lange, ob ich dort hingehen sollte oder nicht. Noch immer fühle ich mich ein wenig als Gast in diesem Land, obwohl ich inzwischen die deutsche Staatsangehörigkeit besitze. Wenn man bei Leuten zu Gast ist, die streiten, hält man sich vornehm zurück. Aber es ist anders, wenn der Streit um einen selbst geht. Wenn der eine einen verteidigt und der andere einen hinausschaffen möchte. Dann ist man automatisch Teil der Auseinandersetzung.

Abends rief ich einen Freund an. Er sagte, er käme gerade von einer Demo in Hamburg. Ich fragte, ob er die große Demonstration in Hamburg meinte, bei der so unglaublich viele Menschen waren, dass die Veranstaltung abgebrochen werden musste. Er bejahte. Ich hatte die Bilder im Fernsehen gesehen.

Er erzählte mir von der Demo und seinen Beweggründen und beschrieb die gute Stimmung. Er war beeindruckt von den vielen Menschen unterschiedlichen Alters, aus verschiedenen Parteien und Gruppen der Gesellschaft. Ich hörte nur zu. Anschließend erzählte ich ihm von der geplanten Demo in Rotenburg. Ich sagte, ich hätte Lust, dorthin zu gehen, wüsste aber nicht, ob dies für mich als Zuwanderer statthaft sei. Er fand mein Gefühl nobel, ermutigte mich jedoch zur Teilnahme. Er sagte, dass Deutschland nun meine zweite Heimat sei, dass ich Teil dieser Gesellschaft sei und dass wir in einer Demokratie leben, die es mir ermöglicht, als Bürger meine Meinung öffentlich zu zeigen.

Ich hatte noch nie an einer Demonstration teilgenommen. In Syrien gab es nur Kundgebungen, an denen man teilnehmen musste, um die Regierung zu bejubeln. Nun war ich etwas aufgewühlt. Am nächsten Tag jedoch stand mein Entschluss fest und ich verkündete meiner überraschten Familie, dass ich nun auf eine Demo gehen würde.

Auf dem Weg in die Stadt sah ich viele andere Menschen, die sich mit Plakaten und Spruchbändern auf den gleichen Weg gemacht hatten. Ich fühlte mich ein wenig unsicher. In der Fußgängerzone versuchte ich, mich vorsichtig durch die Menschenmenge nach vorne zu bewegen. Ich sah nur wenige andere Zuwanderer. Hatten sie vielleicht ähnliche Gefühle wie ich und sahen sich noch als Gast in diesem Land?

Als ich auf der Kundgebung die ersten Reden hörte, wich die Kälte langsam aus meinem Körper. Ich applaudierte der guten Rede von Lars Klingbeil und fühlte mich zunehmend als Teil der Menge. Mir wurde klar, dass all diese Menschen um mich herum hier waren, um neben ihrer Freiheit auch mich und andere Zuwanderer zu verteidigen. Ich bekam eine Gänsehaut, spürte Liebe und Wärme in meiner Brust. Danke, liebe Mitbürger, dass ihr euch für unsere Demokratie starkgemacht habt, dass ihr eure Mitmenschlichkeit der Hetze entgegengesetzt.

Ich traf meinen Freund Thomas, der ein besonders großes Plakat trug. Wir unterhielten uns kurz. Wir waren uns einig, dass die AfD keine echten Lösungen bietet, aber auch, dass die Regierung den Auftrag hat, anstehende Probleme zu lösen.

Einerseits benötigt Deutschland Zuwanderung und es gibt viele Beispiele gelungener Integration. Aber man darf die Probleme, die Zuwanderung auch mit sich bringen kann, nicht einfach ausblenden. Vielleicht ist das in Deutschland zu lange passiert und hat die AfD stark gemacht.

Toleranz und Vielfalt sind wichtig für unsere Gesellschaft. Ich denke, die Antwort auf Integrationsverweigerung kann aber nicht sein, immer nur mit Toleranz und Verständnis zu reagieren. Es müssen auch Leitplanken für die Integration gesetzt werden. Menschen, die in dieses Land kommen, um hier zu leben, muss eine klare Orientierung gegeben werden, was von ihnen erwartet wird und welches Verhalten andererseits nicht geduldet wird. Diese Antworten müssen aus der Mitte der Gesellschaft kommen, von den demokratischen Parteien. Dann wird der Zuspruch zu rechten Parteien zurückgehen.

Deutschland gibt Menschen, die guten Willens sind, so viele Möglichkeiten, sich zu entfalten und sich eine gute Zukunft aufzubauen. Ich möchte alle Zuwanderer dazu aufrufen, dankbar zu sein, dass sie in diesem großartigen Land leben können. Und ich möchte sie bitten, den Rechtsstaat, die Demokratie und die Freiheit zu respektieren, die all diese Menschen auf unserer Demo verteidigt haben.

Rezept gegen Langeweile

Ich habe in einer Zeitschrift gelesen, dass Deutschland als das »europäische Paradies für Theater« gilt. Das wundert mich nicht, denn Kultur wird hierzulande großgeschrieben. Deutschland ist ein Land der Bildung, der Literatur und der Kunst. Im Ausland sind vor allem die Goethe-Institute die Visitenkarten dieses Kulturschatzes. Welch großartige Botschaft wird allein schon durch diesen Namen vermittelt. Das kulturelle Angebot in Deutschland ist einzigartig, und zwar nicht nur in den Großstädten, sondern auch auf dem Land! Empfinden die Deutschen das eigentlich auch so?

Die Beispiele für Deutschlands kulturellen Vorreiterposten sind vielfältig: Vor einiger Zeit wurde ich Zeuge, wie Menschen in Deutschland Freunde in ihr Wohnzimmer einluden für kleine kulturelle Veranstaltungen, zu Hauskonzerten und Lesungen. »Grassroot-Kultur« im Wohnzimmer – wie großartig ist das denn? Oder das Theater Metronom im kleinen Ort Hütthof bei uns in der Nähe: Eine Scheune auf einem Bauernhof, die zu einem Theater umgebaut wurde und ein vielseitiges Programm mit professionellen Schauspielern bietet. So etwas dürfte nur in wenigen Ländern in der Welt zu finden sein.

Am Ortseingang unserer Kleinstadt ist mir vergangene Woche ein großes Plakat für das neue Volkshochschulprogramm aufgefallen. Das Plakat wirkt auf mich wie eine Einladung an alle, am kulturellen Reichtum dieses Landes sowie an dessen Bildungsmöglichkeiten teilzunehmen. Wenn so etwas am Ortseingang steht, sagt es etwas über den Stellenwert aus, den Bildung und Kultur genießen. Als Zuwanderer kann man das ländliche Deutschland zuweilen als etwas öde empfinden. Aber am Ortseingang hängt ein hochwertiges Rezept gegen Langeweile: Weiterbildung, kulturelle Angebote und Horizonterweiterung!

Kürzlich, an einem verregneten Nachmittag, hatte auch ich wieder mal einen Winter-Blues. Da rief eine deutsche Freundin an. Sie ist bereits im Ruhestand, aber ihr Leben ist so voll, dass sie keine Langeweile kennt. Sie machte mir sogleich zahlreiche Vorschläge zum Zeitvertreib: Du könntest ins Theater oder ins Kino gehen. Oder zu dieser neuen Ausstellung in Bremen. In dieses oder jenes Museum. Oder in ein Konzert.

Sie war es auch, die meiner Familie und mir im vergangenen Jahr die Tür zum deutschen Theater geöffnet hatte. Sie lud uns damals nach Hamburg in ein Theaterstück für Kinder ein. Das Stück wurde dreimal pro Tag aufgeführt und war immer ausverkauft. Für die Kinder gab es extra Sitzerhöhungen, damit sie alles sehen konnten. Unsere Töchter waren ebenso begeistert wie Hala und ich.

Kinder lernen in Deutschland schon in der Grundschule, wie man Gedichte richtig vorträgt und sich selbstbewusst auf eine Bühne stellt. Später werden sie in der Schule die großen Klassiker lesen. Welch ein Glück, dass unsere Kinder in diesem Land aufwachsen dürfen.

Seit ich in Deutschland bin, habe ich immer einen interessierten Blick auf die vielen Facetten dieses Landes geworfen. Teilweise kam ich mir dabei vor wie ein Theaterbesucher. Die verschiedenen Szenen zeigten mir die Gesellschaft, die Politik, die Kultur, das Feiern, den Sport, den Streit und die Freundschaft. Inzwischen bin ich Teil des Ensembles und spiele selbst mit. Ich habe auch stets andere Zuwanderer eingeladen, an diesem großen Theaterstück teilzunehmen, statt nur zuzusehen.

Einziger Wermutstropfen: Es gibt leider kein Impro-Theater im deutschen Leben. Auch das sage ich anderen Zuwanderern: In Deutschland ist ALLES im Voraus geplant, eure Spontanität könnt ihr euch an den Hut stecken!

Und wenn ihr ins Theater wollt, müsst ihr vorher einen Platz reservieren. Gestern rief mich meine deutsche Freundin wieder an und erkundigte sich, was ich kürzlich gemacht habe, als mich die Langeweile so plagte. Da ich an dem Tag nichts mehr unternommen hatte, stellte ich einfach die Gegenfrage, was sie denn heute mache. Sie sagte, sie sei gerade mit ihrer Freundin unterwegs zu einer Ausstellung, danach würden sie in einem Restaurant essen und nachmittags gemeinsam ins Theaterschiff gehen, um ein Theaterstück anzusehen. Ich war wieder mal begeistert über diese kultivierte Tagesgestaltung und fragte spontan, ob ich mitkommen könne. Aber sie sagte, das Stück sei bereits ausverkauft, ich hätte mich früher bei ihr melden müssen. Sie hatte recht und ich war resigniert.

Das deutsche Leben ist wie in Dosen verpackt. Wenn die Zeit erst mal sortiert und verplant ist, wird sie luftdicht verschlossen und lässt keinen Raum mehr für Spontanität. Letztlich bin ich in den Supermarkt gegangen und habe irgendwelche Sachen gekauft. Der Supermarkt ist einer der wenigen Orte in Deutschland, die man spontan besuchen kann.

Ich liebe diese Sicherheit

Pünktlichkeit, Ordnung, Disziplin, Zuverlässigkeit, Genauigkeit, Ernsthaftigkeit, Sparsamkeit, Klarheit, Objektivität, Sachlichkeit, Ausdauer, Ehrlichkeit und Verantwortungsbewusstsein – das sind Eigenschaften, die den Deutschen oft zugeschrieben werden und viele Aspekte ihres täglichen Lebens prägen.

Jetzt habe ich für mich diese Liste um einen weiteren Begriff ergänzt: Sicherheit. Ob beim Reisen, beim Sport oder beim Führen von Fahrzeugen aller Art – die Deutschen zeigen eine bewundernswerte Leidenschaft und Hingabe, gepaart mit einem tiefen Sicherheitsgefühl. Tatsächlich ist Deutschland ein ausgesprochen sicheres Land: Es gibt im Vergleich zu vielen anderen europäischen Ländern wenig Verkehrsunfälle, wenig Kriminalität, ein gutes Gesundheitssystem und vieles mehr. Doch wie beeinflusst dieses Sicherheitsgefühl das tägliche Leben der Deutschen?

Wie viele Versicherungen haben Sie? Zählen Sie doch spaßeshalber mal im Kopf nach. Wenn wir in unseren Workshops deutsche Teilnehmer danach fragen, kommen sie in der Regel auf sieben bis elf Versicherungen. Sie meinen, das wäre normal? Wenn wir Zuwanderer fragen, kommen manche nicht mal auf zwei! In Deutschland gibt es laut Internet unglaubliche 1176 Arten von Versicherungen. Die Branche erwirtschaftete 2020 einen Umsatz von 325 Milliarden Euro.

Deutsche lieben es, überall in möglichst großer Sicherheit zu leben. Menschen anderer Nationalitäten mögen eine »Komfortzone« haben, die sie selten verlassen. Deutsche dagegen haben eine »Sicherheitszone«. Autos haben Alarmanlagen. Fahrzeuge müssen regelmäßig zum TÜV. Anhänger auch. Radfahrer haben Helme. Fenster Einbruchsperren. Selbst für ein Friseurgeschäft braucht man einen Meisterbrief. Es gibt Berufsunfähigkeitsversicherungen. Bei Schnee muss man den Gehsteig vor dem Haus räumen. Es herrscht eine »situative Winterreifenpflicht«! Bitte auch im Bus anschnallen!! Und immer ausreichend trinken!!! Wissen Sie eigentlich, wie typisch deutsch das alles ist?

Ich finde dieses deutsche Sicherheitsbedürfnis erst mal positiv, auch wenn es manchmal seltsame Blüten treibt. Vor allem aber stelle ich fest, dass es positiv auf die Menschen ausstrahlt. Dadurch, dass Deutschland auf Sicherheit bedacht ist, haben die Menschen hier auch Vertrauen: in ihre Fähigkeiten, in die Technik, in das System, in die Natur, zu den Mitmenschen.

Bei Radfahrern fällt mir auf, dass die Deutschen sich auf ihren Drahteseln bewegen, als wären diese ein integraler Bestandteil von ihnen. Vor einem Monat traf ich mit einem älteren Mann aus Syrien zusammen, der seine Kinder in Rotenburg besuchte. Während wir auf einer Bank saßen, äußerte er sein Erstaunen über die Anzahl der älteren Menschen, die auf ihren Fahrrädern vorbeifuhren. Er fragte mich immer wieder: »Mein Gott! Wo sind wir? Was soll ich den Menschen in meinem Land erzählen, wenn ich zurückkomme? Werden sie mir glauben, dass hier alte Männer und Frauen Fahrrad fahren?« Ihn beeindruckte die Selbstsicherheit der Senioren, die in hohem Alter so selbstverständlich Fahrrad fuhren und sich dabei sogar noch unterhielten. Dieser Anblick ist für mich mittlerweile ein gewohnter. Aber dieser Syrer führte mir wieder vor Augen, welch große Sicherheit vieles in Deutschland ausstrahlt.

Einmal fuhr ich mit einem anderen Freund, der aus Syrien zu Besuch war, zum Bullensee in der Nähe Rotenburgs. Als wir in den Wald beim See eintraten, war er beeindruckt von der Größe der Bäume. Es war Nachmittag und Stille umgab uns. Da fragte er mich leise: »Gibt es hier keine wilden Tiere?« Ich spürte seine aufkommende Angst und beruhigte ihn: »Nein, hier gibt es keine wilden Tiere.« Doch er fragte erneut: »Bist du sicher?« Mit voller Überzeugung antwortete ich: »Ja, ich bin hundertprozentig sicher, hier gibt es keine wilden Tiere. Du könntest Rehe sehen, aber die zeigen sich zu dieser Tageszeit selten.« Die Angst dieses lebenserfahrenen Syrers vor wilden Tieren in diesem kleinen, idyllischen Wald überraschte mich. Dass der Landkreis Rotenburg (Wümme) inzwischen eine der dichtesten Wolfspopulationen in Europa aufweist, verschwieg ich, um ihn nicht noch weiter zu beunruhigen. Außerdem geht die Wahrscheinlichkeit, einem Wolf zu begegnen, gegen null.

Ich zeigte auf den See, der fast menschenleer war, und sagte: »Schau, da schwimmen zwei Menschen. Einer in Ufernähe und eine ältere Dame ganz allein in der Mitte des Sees.« Wieder war mein Freund erstaunt und sagte: »Oh mein Gott, wie kann das sein? Woher nimmt sie diesen Mut? Hat sie keine Angst?« Ich antwortete: »Ja, ich habe auch darüber nachgedacht. Ich persönlich hätte nicht den Mut, allein in diesem von Wäldern umgebenen See zu schwimmen. Aber sie ist stark und fühlt sich sicher, das gibt ihr den Mut.«

Wir sprachen weiter über das Gefühl der Sicherheit, welches dieser Ort vermittelt. Bis heute, wenn ich in einem Wald oder einer abgelegenen Gegend Menschen sehe, die allein spazieren gehen oder joggen, sage ich manchmal zu meiner Frau: »Schau, diese Frau geht ganz allein mitten im Wald und hat keine Angst.« Sie fragt mich dann: »Würdest du dich das trauen?« Und ich antworte: »Ehrlich gesagt, nein.« Aber ich bewundere dieses Gefühl von Sicherheit, das die Menschen hier haben, und wünsche mir, dass es immer so bleibt.

Was die Deutschen auch auszeichnet, ist die strikte Einhaltung der Verkehrsregeln und das Vertrauen, dass auch andere dies tun. Diese Disziplin und das damit verbundene Sicherheitsgefühl sind tief in der deutschen Gesellschaft verankert. Vor Kurzem hatten wir eine Lesung in Buxtehude. Normalerweise reisen wir mit Gerds Auto, aber an diesem Tag brauchte seine Frau den Wagen und so bat er darum, dass wir mit unserem Golf führen. Ich übergab ihm die Autoschlüssel und bat ihn, sich ans Steuer zu setzen. Als wir auf die Autobahn kamen, drückte Gerd aufs Gaspedal, als wäre es sein eigenes Auto. Meine Frau und ich sind es gewohnt, auf der rechten Spur hinter den Lastwagen mit nicht mehr als 120 km/h zu fahren. Gerd fuhr 140 km/h und mehr. Ich konnte kaum glauben, dass dies unser Auto war, das da wie auf Schienen auf der linken Spur bei regnerischem Wetter an all den anderen Autos vorbeirauschte. In diesem Moment verstand ich das arabische Sprichwort: »Das Pferd zeigt sich durch den Reiter.«

Woher kommt das? Liegt es daran, dass Gerd ein Einheimischer ist, der das Land, seine Leute und seine Straßen kennt und mir daher ein Gefühl von Sicherheit vermittelt? Auch meine Frau fühlt sich sicherer, wenn sie mit ihrer deutschen Freundin unterwegs ist. Dieses Sicherheitsgefühl hat mit den Fertigkeiten des Fahrers zu tun und seiner Kenntnis von Auto und Straße sowie seiner Fähigkeit, sich mit ihnen zu verbinden. Ich mag dieses Gefühl der Sicherheit in Deutschland.

Festmahl der deutschen Sprache

Der Erwerb der deutschen Sprache ist für mich ein Menü in fünf Gängen. Bereits in Syrien hatte ich eine Vorspeisenkarte mit Wörtern wie »ich – mich – mir«, »du – dich – dir« erstellt und meiner Frau zum Probieren gegeben. Als sie fragte, was das bitte sei, antwortete ich nur: »Lerne es auswendig. Das sind Nominativ, Akkusativ und Dativ. Ich erkläre dir alles, wenn wir in Deutschland sind.« Diese Episode ist mir bis heute im Gedächtnis geblieben.

In Deutschland angekommen, war der zweite Gang ein großer Vokabelsalat. Ich erstellte eine umfangreiche Liste von Wörtern, die ich lernen wollte, und schrieb sie auf kleine Zettel. Mit diesen Zetteln in der Manteltasche ging ich an Winterabenden von Straßenlaterne zu Straßenlaterne, um die daraufgekritzelten Wörter auswendig zu lernen.

Als dritter Gang folgte die Grammatik, aber der liegt mich noch immer schwer im Magen. Manchmal passieren mir zum Beispiel Missgeschicke mit dem Dativ. Wie manche Deutsche, so neige auch ich dazu, den Dativ häufiger zu verwenden als den

Genitiv, wie Bastian Sick in seinem Buch *Der Dativ ist dem Genitiv sein Tod* beschreibt. Ich frage mich: Mache ich das wegen meinen unzureichenden Sprachkenntnissen oder wegen meiner unzureichenden Sprachkenntnisse?

Im arabischen Sprachraum gibt es wenige Menschen, die auch nur zwei Minuten korrektes Hocharabisch sprechen können, ohne in syntaktische Fallen zu tappen. Denn auch im Arabischen spielt der Dativ eine wichtige Rolle, besonders nach Präpositionen. Diese nennen wir »Ahrof Aljar«, was übersetzt »ziehende Buchstaben« bedeutet. Sie ziehen die Nomen, die ihnen folgen, in den Dativ hinein. Wird die Dativdeklination falsch angewendet, erntet man oft ein Lachen und den Kommentar: »Hast du die Aljar-Buchstaben nicht gesehen? Sie könnten sogar einen Stier ziehen!«

Den vierten Gang der deutschen Sprache bildeten für mich die vielen trennbaren Verben und die Präfixe, die den Verben neue Bedeutungen verleihen. Aus »setzen« entstehen durch Präfixe wie an-, auf-, durch-, um-, ab-, vor-, ver-, ein-, aus-, be-, bei-, er-, hin-, über- und wider- ganze fünfzehn neue Verben. Guten Appetit! Diese Vielfalt ist für die deutschen Sprachgourmets ein Fest, für jemanden wie mich ist es eine große Herausforderung. Ich stehe beim Austauschen der Präfixe vor diesem reichhaltigen deutschen Buffet und muss das richtige Besteck finden. Und das im Idealfall in nur Bruchteilen von Sekunden!

Der fünfte Gang war eine Buchstabensuppe, die immer neue Komposita bildet, die so typisch für die deutsche Sprache sind. Manchmal sind sie noch leicht verdaulich, wie etwa »Finanzdienstleistungsunternehmen«. Bei »Grundstücksverkehrsgenehmigungszuständigkeitsübertragungsverordnung« vergeht mir jedoch der Appetit. Komposita zeigen die wundervolle Komplexität und Präzision der deutschen Sprache, aber uns Zuwanderer können sie in Schwierigkeiten bringen. Wie sollen wir vom Ausländerbeschäftigungsförderungsgesetz profitieren, wenn das Datenaustauschverbesserungsgesetz unseren Zugang zum Asylbewerberleistungsgesetz erschwert und wir dann Opfer des Asylverfahrensbeschleunigungsgesetzes werden? Solche Wörter machen mir Bauchschmerzen.

Neben den verschiedenen Gängen im Menü der deutschen Sprache gibt es auch komplizierte Unterschiede in der Art, dieses zu sich zu nehmen. Meine Familie und ich lernten zum Beispiel früh, dass die Deutschen direkt und offen kommunizieren, anders als wir Araber es gewohnt sind. So luden wir anfangs manchmal Leute zu uns ein, die wir kaum kannten, etwa Familien, die wir auf dem Spielplatz getroffen hatten. Wir dachten, das sei normal. So eine Einladung war für uns die Verknüpfung von arabischer Gastfreundschaft und deutscher Direktheit. Heute lachen wir darüber und wissen, dass es in Deutschland nicht üblich ist, fremde Leute schon beim ersten Treffen zum Kaffee einzuladen.

Ein weiteres Beispiel: Als unsere Kinder im Kindergarten waren, lud meine Frau die Erzieherin zu uns ein. Auf die Frage »Wann?« antwortete meine Frau: »Wann Sie möchten.« Das hat sich für uns damals richtig angefühlt, während es die Erzieherin in Verwirrung gestürzt hat. Heute würden wir einen konkreten Termin vorschlagen, weil in Deutschland eben alles geplant vonstattengeht.

Mit der Zeit hat unsere Familie immer mehr Fortschritte im Erlernen der Sprache gemacht und auch unsere Art zu kommunizieren hat sich in vielen Punkten angepasst. Nur gelegentlich fühlen wir uns noch unsicher, wie wir kommunizieren sollen. Wir fragen uns dann: »Machen die Deutschen so was?« Manchmal bitten wir unsere deutschen Freunde um Rat: »Geht das oder geht das nicht?« Zuweilen bekommen wir dann unterschiedliche Meinungen zu hören. Deutsche ticken eben auch nicht alle gleich.

Meine Frau hat mich neulich angerufen, um mir mitzuteilen, dass ein Handwerker gerade ein paar Reparaturen bei uns zu Hause durchführt. Sie erzählte mir, dass sie ihm Kaffee und Tee angeboten habe. Ich antwortete ihr, dass das in Ordnung sei. Zwei Stunden später rief sie mich erneut an, um zu sagen, dass er immer noch nicht fertig sei, das Essen aber bereitstehe und die Kinder hungrig seien. Als ich nach Hause kam, erzählte sie mir, sie habe den Handwerker kurzerhand eingeladen, mit uns zu essen. Er nahm die Einladung an und genoss ein typisches syrisches Essen mit meiner Familie. Hier sind wir unserer arabischen Gastfreundschaft einfach mal treu geblieben. Und auch wenn so etwas in Deutschland – nach allem, was ich weiß – eher nicht üblich ist, passte es in diesem Fall wunderbar.

Die deutsche Fleischeslust

Das Schöne als Zuwanderer ist, dass man stets Neues entdecken kann. Und dass man Klischees, die man über sein Gastland hat, immer mal wieder überprüfen kann. Manchmal sind wir als Zuwanderer irritiert, manchmal staunen wir. Ab und zu sind wir voll Unverständnis, bei anderen Gelegenheiten wächst das Verständnis mit der Zeit. Mit dem deutschen Brot zum Beispiel hatte ich anfangs meine Schwierigkeiten, inzwischen liebe ich es.

Hier in Deutschland leben viele Kulturen zusammen und jede dieser Kulturen ist mit Vorurteilen und Klischees behaftet. Araber sind unpünktlich, Deutsche sind pingelig, Ukrainer sind fordernd, Italiener sind emotional und so weiter. Ich habe gelernt, dass man die Prägungen, Sitten und Gebräuche in einem Gastland nicht im Multiple-Choice-Stil bewerten sollte. Man kann nicht einfach ein Kreuzchen bei dieser oder jener Eigenschaft machen. Dazu sind das Leben und die Menschen viel zu komplex.

Mit der Zeit kann sich auch die eigene Einstellung gegenüber Gepflogenheiten des Gastlandes ändern. Manchmal haben die

Klischees einen wahren Kern, manchmal bekommen sie Kratzer. Manchmal haben sich meine Einschätzungen zu den Deutschen bestätigt, manchmal hatte ich unrecht, habe das aber erst später erkannt. Dafür möchte ich heute um Entschuldigung bitten.

Ein Klischee, das ich schon sehr früh abgelegt habe, lautete, dass Deutsche gefühlskalt seien. Da ich früh viele sehr nette Deutsche kennengelernt habe, konnte ich feststellen, dass Deutsche in der Regel vielleicht weniger emotional sind. Aber auch, dass sich hinter der etwas kühlen Schale viel Hilfsbereitschaft, Herzlichkeit und schließlich wahre Freundschaft verbergen können.

Mein jüngstes Aha-Erlebnis jedoch betrifft das Essen. In Bezug auf Kulinarik sind die Deutschen sehr tolerant. Man sieht in den Städten mehr griechische, italienische oder chinesische Restaurants als deutsche. Auch deshalb war es ein ziemlich gefestigtes Vorurteil bei mir, dass die meisten Deutschen weniger Wert auf das Essen legen als wir Araber. In einer früheren Kolumne haben wir mal geschrieben: »Viele Araber arbeiten, um zu essen. Viele Deutsche essen, um zu arbeiten.«

Rückblickend halte ich diese Einschätzung für übertrieben. Heute würde ich eher sagen: Wir Araber verbringen vielleicht mehr Zeit in der Küche als die Deutschen. Aber auch viele Deutsche legen großen Wert auf ihr Essen, vor allem darauf, *was* sie essen. Man hört oft von Deutschen, dass sie kein Fleisch essen. Einige sind sogar Veganer. Das würde man in Syrien von kaum jemandem hören. Und wenn doch, würde es die Menschen zum Schmunzeln bringen. Der Genuss von Fleisch ist wichtig in meiner alten Heimat und der Geschmack von syrischem Fleisch ist unterschiedlich im Vergleich zu der Art, in der Deutsche Fleisch zubereiten. Jahrelang war ich in Deutschland erfolglos auf der Suche nach diesem syrischen Fleischaroma.

Vergangene Woche war ich bei unserem Fleischer in Rotenburg. Ich nahm die unglaublich große Bandbreite an Fleisch mit verschiedenen Aromen in der Auslage wahr. Sicherlich anders als in Damaskus, aber bei genauer Betrachtung nicht unbedingt weniger vielfältig. Die Verkäuferinnen hinter dem Tresen waren sehr gut ausgebildet, konnten ihre Kunden kompetent beraten, ließen sie probieren und gaben Tipps zur Zubereitung. Und natürlich wurde großer Wert auf die Hygiene und Sauberkeit gelegt.

In Deutschland wie in Syrien sind die meisten Menschen Fleischfresser. Seit meine Tochter sich zunehmend für die fleischlose Ernährung interessiert, nehme auch ich immer mehr wahr, wie grausam der Mensch eigentlich ist. Er züchtet und mästet Tiere nur für den eigenen Verzehr. Ich denke, in Deutschland sind sich dessen mehr Menschen bewusst als in Syrien. Auch das zeugt ja von einer großen Achtsamkeit gegenüber dem, was man isst.

Manche Araber sehen auf Deutsche wegen ihres Fleischkonsums herab, weil sie auch rohes Fleisch essen, zum Beispiel auf Mettbrötchen. Dabei tun Araber das auch: Fleisch mit Bulgur und Gewürzen gemischt heißt in Syrien Kibbeh. Dieses Gericht gibt es dort auch mit rohem Fleisch und es ist sehr beliebt. Und die Art, wie Tiere gehalten und geschlachtet werden, ist in der arabischen Welt nicht weniger gruselig als in Deutschland.

Es gibt für Araber hier keinen Grund zur Überheblichkeit. In Syrien isst man die Füße und die Köpfe von Schafen, in Spanien Stierhoden, in Frankreich Pferdefleisch, in China Hundefleisch und in Japan fermentierten Fisch. Da finde ich es nicht schlimm, dass zum norddeutschen Grünkohl manchmal Brägenwurst gegessen wird, die Kopffleisch von Schweinen enthält.

Schon manches Klischee über die Deutschen ist bei mir in den vergangenen Jahren gekippt. Nun korrigiere ich zunehmend auch meine Einstellung gegenüber deutschem Essen und deutschem Fleisch. Mal sehen, was als Nächstes kommt.

Lieber Schüler …

Kürzlich überraschte mich ein Schüler mit einer Frage, die ich in meinen acht Jahren in Deutschland noch nie gehört hatte. Deutsche Schüler stellen selten Fragen außerhalb des schulischen Rahmens, geschweige denn eine wie diese: »Herr Tannous, was denken Sie über den Mond?«

Auch wenn die Frage wahrscheinlich nicht besonders ernst gemeint war – mich elektrisierte sie. Meine Lieblingsautorin Ahlam Mosteghanemi sagte einmal zu Neil Armstrong, dass die Araber ihn auf dem Weg zum Mond überholt hätten. Denn der Mond ist Teil unserer Kultur, unserer Lyrik und Musik, Teil unserer Seele. Übrigens: Mein Name »Samer« bedeutet »Der, der die Nächte liebt« – ich bin also quasi prädestiniert, den Mond zu besingen.

Da ich den Schüler kannte, wusste ich, dass er nicht wirklich darauf wartete, dass ich ihm nun einen poetischen Vortrag über den Mond halte oder eine literarische Vorlesung gebe. Seine Frage war kurz und direkt, also antwortete ich auch auf die deutsche Art: »Den Mond finde ich schön.« Diese Antwort war für meinen Schüler in dem Moment ausreichend. Für mich war sie es nicht.

Lieber Mond, hast du gehört, wie dieser Schüler mich nach dir fragte? Und wer kennt dich besser als ich? Hätte der Schüler nur mehr Geduld gehabt, hätte ich ihm gerne von dir erzählt, ihm von unserer Beziehung berichtet, von deinen Erscheinungs- und Verschwindezeiten, deinen Werken und Hobbys und ihm vielleicht einige deiner Melodien vorgespielt.

Was würde dieser Schüler sagen, wenn ich ihm erzählte, dass du unser Nachbar bist? Dass du manchmal an unsere Türen klopfst und durch unsere Fenster schaust? Kein Abend auf den Dächern der Häuser ist schön ohne dein Licht.

Lieber Schüler – auf unserem Pausenhof hörst du manchmal unter Klassenkameraden den Ausdruck: »… ich schwöre!« In dem Lied »Der Mond hat geschworen« von meinem Lieblingssänger George Wassouf kann auch der Mond sprechen und Schwüre ablegen. Wenn du dich in meinem Heimatland in ein Mädchen verlieben würdest, dann wäre der Mond der Erste, der dir bei deinem Abenteuer zur Seite steht. Er würde mit dir schwören, dass er nie etwas Schöneres und Anmutigeres gesehen hat. Mit ihm zusammen würdest du eines der Abenteuer aus *Tausendundeiner Nacht* erleben und die Rolle des Dschinns übernehmen, der bereit ist, der Geliebten all ihre Wünsche zu erfüllen.

In der arabischen Lyrik, etwa in einem Lied von Nassif Zeitoun, wärst du sogar bereit, den Mond vom Himmel auf die Erde zu holen, damit er seinen Platz deiner Geliebten überlässt und sie selbst zum Mond wird. Du würdest danach stolz darauf sein, das Lächeln auf den Lippen des Mondes zu sehen. Würde dir das genügen, mein Schüler? Oder träumst du davon, diesen Mund auch noch zu küssen? Vielleicht würdest du dich dann fühlen, als wärst du auf einer Reise zu einem anderen Planeten. Vielleicht würdest du dich fühlen wie der kleine Prinz in Saint-Exupérys Erzählung, als er auf einem anderen Himmelskörper so viel Neues lernt.

Ich weiß, dass auch die Deutschen in ihren Liedern und ihrer Lyrik eine Beziehung zum Mond pflegen. Aber der Unterschied liegt in der Nacht. Ein arabisches Sprichwort besagt: »Jeder singt über seine eigene Nacht.« Das Wort »Nacht« ist eines der meistverwendeten in der arabischen Musik. Es ist ein altes Wort, das auf semitische Sprachen wie Syrisch, Assyrisch, Aramäisch und Hebräisch zurückgeht. Die Nacht ist in arabischen Liedern das Auge und der Bote, der Gefühle trägt, der Zufluchtsort und der treue Freund, zu dem sich Liebende wenden, um ihre Gefühle, Wünsche, Klagen und Leiden zu offenbaren. Die Nacht ist der Freund, der Geheimnisse bewahrt. Khalil Gibran sagt in einem Lied von Fairuz: *»Die Nacht senkt sich und im Kleid der Stille verschwinden die Träume.«*

Der Nahe Osten ist eine wunderschöne Region, aber leider geprägt von dauerhaften Konflikten und einer desaströsen politischen und gesellschaftlichen Situation. Fairuz singt in einem Lied: *»Der Mond leuchtet auf die Menschen und die Menschen kämpfen.«* Du kannst, mein lieber Schüler, mit mir hoffen, dass der Mond jedoch niemals seine Hauptaufgabe aufgeben wird und immer auf die Menschen leuchtet – hoffentlich eines Tages ohne Streit und Konflikte.

Solingen

Diese Kolumne erschien am 22.09.2024

In den letzten Wochen gab es mehrere Anschläge und Attentate in Deutschland. Einige der Täter hatten Migrationshintergrund. Warum ich als Zuwanderer mich auch zu den Opfern zähle.

Wieder ein schreckliches Attentat, wieder ein Zuwanderer, diesmal sogar ein Syrer. Es ist schwer zu beschreiben, was meiner Frau und mir bei solchen Nachrichten durch den Kopf geht und vor allem durch den Bauch. Schon wenn wir von irgendeinem Attentat oder Anschlag nur hören, ist da sofort dieses bedrückende Gefühl im Bauch. Neben der Erschütterung über das menschliche Leid ist unser erster Gedanke: »Hoffentlich war es kein Syrer!«

Durch Anschläge wie den von Solingen fühlen sich Deutsche bedroht von Attentätern und Terroristen. Auch wir Syrer fühlen uns dadurch bedroht, weil es Ressentiments schürt, extreme Parteien daraus Nektar saugen und das Bild syrischer Einwanderer erneut beschmutzt wird.

Neben den direkten Opfern des Anschlages sowie deren Familien und Freunden zählt die öffentliche Sicherheit zu den Opfern. Aber auch fast alle Syrer in Deutschland zählen zu den Opfern, zumindest fühlen wir uns so. Wir sind wieder mal zerknirscht, betroffen und hilflos. Weil es ein Syrer war.

So wie uns geht es derzeit vielen Zuwanderern in Deutschland. In den sozialen Medien fragten sich viele Syrer in der Woche »nach Solingen«: »Wie kann ich morgen zur Arbeit gehen? Wie kann ich meinen Kollegen gegenübertreten?« Die Reaktionen waren von tiefer Trauer und großem Mitgefühl für die Opfer sowie von scharfer Verurteilung dieser Tat geprägt. Ich war so niedergeschlagen. Wie kann ich als Syrer weitermachen? Solche Taten sind ein Angriff auf die Integration vieler rechtschaffener Zuwanderer in Deutschland und auf diejenigen, die versuchen, hier ein zweites Zuhause zu finden.

Derlei tragische Ereignisse können das Vertrauen in der Gesellschaft und das allgemeine Sicherheitsgefühl erschüttern. Und natürlich verleiten sie zu Vorurteilen und pauschalen Verurteilungen. Offen kommuniziert werden diese Ressentiments vor allem von Rechtsextremen in sozialen Netzwerken sowie von Vertretern rechtsextremer (und neuerdings auch linksextremer) Parteien in den Parlamenten. Unterschwellig wirken sie aber auch in die Mehrheitsgesellschaft hinein.

Trotz des erneuten Schocks über den Anschlag von Solingen gibt es auch positive Nachrichten. Neulich hörte ich einen Bericht über Syrer in Deutschland. Der Beitrag erwähnte, dass syrische Ärzte hier die größte Gruppe unter den ausländischen Ärzten bilden, insgesamt ca. 6000. Und ich weiß, dass noch viele weitere syrische Ärzte nur auf die erforderlichen Genehmigungen warten, um in Deutschland arbeiten zu können. Solche positiven Beispiele bauen meine Frau und mich ein bisschen auf.

Diese Ärzte tragen dazu bei, die Gesundheit und Sicherheit in der deutschen Gesellschaft zu fördern. Aber dringen diese Botschaften angesichts so schrecklicher Geschehnisse wie in Solingen noch durch?

Es bleibt mein Wunsch, dass ein Band von Sicherheit und Vertrauen zwischen Deutschen und Zuwanderern erhalten bleibt und wir alle daran arbeiten, es zu stärken. Unabhängig von durchgeknallten Einzeltätern.

Ich bin dein Vater

Wir haben vor einiger Zeit bereits über die Rolle der Mutter in der syrischen Gesellschaft geschrieben. Eine syrische Liedzeile, die ihre Stellung in der Familie beschreibt, lautet: »*Du bist der Frühling des Hauses, das Lied seiner Steine, seine Kerze in der Nacht und sein Lächeln am Tag.*«

Aber was ist mit dem Vater? Gebührt nicht auch ihm ein Text in diesem Buch? Warum fällt es mir schwer, darüber zu sprechen? Vielleicht, weil ich das Wort selten benutzt habe. Mein Vater starb, als ich noch klein war. Vielleicht wäre ich heute ein anderer Mensch, wenn ich in meiner Kindheit einen Vater gehabt hätte.

Das Wort »Vater« ist im Arabischen nicht nur ein Titel, sondern ein Gefühl von Halt, Vertrauen und Zuflucht. Wenn die Last der Welt uns zu erdrücken scheint, sagen wir bei uns in Syrien: »Ach, ya baba« oder »ya bayeh«, je nach Dialekt und Wohnort. In der Stadt sagen die Leute meistens »Baba«, auf dem Land »Bayeh«. Als weitere Bezeichnungen für den Vater gibt es im Arabischen die feine Unterscheidung zwischen »Walid«

und »Ab«. Der »Walid« ist der biologische Vater eines Kindes, aber der »Ab« ist derjenige, der erzieht, sich kümmert und führt. Bei letzterer Bezeichnung ist Vaterschaft also eine Eigenschaft, die Weisheit und Hingabe erfordert und die man aktiv erwerben muss.

Ich möchte jedem Vater, der diesen Text liest, zurufen: Ihr seid die Stütze, die stille Kraft, auf die sich Kinder verlassen. Die Anwesenheit eines echten Vaters im Leben eines Kindes kann von unschätzbarem Wert sein. Das Fehlen eines Vaters oder eine nur gelegentliche Präsenz kann tiefe Spuren im Leben von Kindern hinterlassen.

Ich erinnere mich an ein Gespräch, das zwischen Schülerinnen in meiner Klasse stattfand. Sie waren erst zwölf Jahre alt, aber ihre Worte hatten Gewicht für mich. Eine Schülerin sagte: »Ich wohne bei meiner Mutter, weil meine Eltern getrennt sind.« Eine andere erwiderte: »Getrennte Eltern zu haben, ist besser, als überhaupt keinen Vater zu haben. Mein Vater ist gestorben, als ich noch klein war, und ich habe ihn nie kennengelernt.« Eine dritte Schülerin fügte hinzu: »Ich lebe mit meiner Mutter und ihrem neuen Mann, aber ich verstehe nicht, warum er über mich entscheiden darf!« Ihre Worte ließen mich nachdenklich zurück.

Auch ich hege bis heute einen kleinen Groll gegen das Schicksal, das mich seit Kindertagen vaterlos gemacht hat. Ich erinnere mich an den Tag in meiner Kindheit, als ein Fremder unser Haus betrat. Meine Mutter war in der Küche beschäftigt, aber der Mann sagte ihr etwas, woraufhin sie alles stehen und liegen ließ und wie von Sinnen aus dem Haus lief. An diesem Tag erfuhr ich, dass ich meinen Vater verloren hatte. Ich war sieben Jahre alt. Zu jung, um die Dimension dieses Verlustes zu begreifen, aber mit der Zeit lernte ich, mit dem Mitleid und der Fürsorge der anderen Dorfbewohner zu leben.

Wir erlebten Jahre der Trauer – eine schwarze Trauer, die meine Mutter wie einen schweren Mantel über Jahre hinweg trug. Als Erwachsener hat Gott mir die Gnade der eigenen Vaterschaft geschenkt und nun bin ich Vater von zwei wundervollen Töchtern. Unter Syrern wird oft gesagt: »Jedes Mädchen ist in ihren Vater verliebt«, aber ich füge hinzu: »Jeder Vater ist in seine Töchter verliebt.« Für mich gibt es nichts Schöneres, als sie spielen zu sehen oder lachen zu hören, während sie auf dem Klavier »Faded« von Alan Walker spielen. Sie singen: »*You are the shadow to my life*« und diese Worte nehmen mich mit zu einem arabischen Lied von George Wassouf, in dem es heißt: »*Du bist der Schatten in den Sommern meines Lebens, du bist der Stern in den Nächten meiner Träume und du bist die Melodie in meinen Klängen.*«

Bin auch ich so ein Vater? Ich hoffe, dass Gott mir die Kraft gibt, dieser Schatten und dieser Stern zu bleiben, und dass mein Licht im Leben meiner Töchter niemals erlischt. Eines der schönsten syrischen Gebete lautet: »Möge Gott dich für uns bewahren und uns für dich, sodass wir uns einander immer erleuchten.«

Unterscheidet sich die Rolle des Vaters in der deutschen Kultur von seiner Rolle in Syrien? Ich weiß es nicht. Aber allein durch die Rollenerwartung von Mann und Frau in der syrischen Gesellschaft dürfte es hier Unterschiede geben.

Ein arabisches Lied, das darüber Aufschluss geben könnte, geht so:

»*Wie wir als Kinder auf die Rückkehr unseres Vaters warteten, der trotz seines erschöpften Gesichts lächelte, wenn er uns sah. Wie er uns auf seinen Schultern trug, als wir klein waren, und sogar, als wir groß wurden. Er kleidete uns in Seide, während sein eigenes Hemd vom Schweiß seiner Mühen durchdrungen war und oft verkehrt herum getragen wurde. Ich erinnere mich, wie meine Mutter rief: ›Spielt nicht in der Nähe eures Vaters, er schläft und ist müde.‹«*

Dieses Lied zeichnet ein Bild von der Stellung des Vaters in der arabischen Gesellschaft. Eine Gesellschaft, die ihm einen besonderen Platz einräumt, seinen Namen ehrt und ihn auch im hohen Alter respektiert. Der Vater ist nicht nur der Ernährer, sondern eine Kraft, welche die Familie auf ihren Schultern trägt.

Der Vater ist in jeder Kultur, ob in Deutschland oder Syrien, die Person, die Unterstützung bietet, sei es materiell oder emotional. Die Art und Weise, wie diese Liebe und Fürsorge ausgedrückt wird, mag sich unterscheiden und auch die Hierarchie oder Nähe innerhalb der Familie kann variieren, aber letztlich bleibt der Vater eine Säule der Familie.

Ich erinnere mich bis heute an eine Szene aus meiner Kindheit. Es war auf dem Fußballplatz. Viele meiner Freunde hatten Väter, die am Spielfeldrand standen, sie anfeuerten und ihnen Mut machten. Wie sehr ich dieses Gefühl der Unterstützung damals vermisste, habe ich erst Jahre später realisiert, als ich darüber nachdachte, warum ich oft nicht das Selbstvertrauen und die Energie meiner Mitspieler hatte. Mir wurde klar, dass die fehlende Unterstützung meines Vaters in diesen Momenten eine Lücke riss.

Heute versäume ich kein Fußballspiel meiner Tochter. Ich stehe am Spielfeldrand, feuere sie an, sammele Bälle. Einmal nahm ich meine Tochter mit auf einen leeren Platz und sagte zu ihr: »Heute sprengen wir alle Grenzen!« Ich begann, den Ball mit voller Kraft zu treten, und schrie: »Du schaffst das!« Ich forderte sie auf, dasselbe zu tun – nicht nur, um den Ball zu spielen, sondern um all ihre Zweifel und Ängste zu überwinden. Dieser Nachmittag war mehr als nur ein Fußballtraining. Es war eine Lektion fürs Leben.

Jetzt sehe ich in ihren Augen das Vertrauen, das ich selbst früher nicht hatte. Und wenn sie sagt: »Du bist der beste Trainer, den ich je hatte«, weiß ich, dass ich nicht nur eine Lücke aus meiner Kindheit fülle, sondern eine stärkere und mutigere Zukunft für meine Tochter aufbaue. Denn Vater zu sein bedeutet, in den entscheidenden Momenten da zu sein – in Zeiten des Erfolgs und Scheiterns, der Stärke und der Unsicherheit.

Sehnsucht nach der ersten Heimat

Wie lange wird man mich noch fragen, ob wir irgendwann nach Syrien zurückkehren wollen? Ob wir unsere Heimat vermissen? Ob wir nicht wenigstens mal für einen Besuch zurück nach Syrien kommen wollen? Diese Frage hat mich besonders geärgert, wenn sie von unseren Freunden und Verwandten in Syrien gestellt wird.

Einem Deutschen genügt als Antwort auf diese Frage ein direktes Ja oder Nein, ohne Begründung. Das ist okay für mich. Aber für die Menschen in meiner alten Heimat reicht das nicht aus, sondern bedarf einer ausführlichen Erklärung oder vieler Ausreden.

Wenn ich sage, dass die Lebenssituation in Syrien schwierig sei, sagen sie, es sei schon besser geworden. Wenn ich sage: »Ihr habt keine Stromversorgung vom Staat«, entgegnen sie: »Wir haben jetzt Strom von der Sonne, im Hotel oder Restaurant spürst du das überhaupt nicht.« Wenn ich die Sorge anführe, zur Reserve ins Militär eingezogen zu werden, antworten sie, ich hätte das Alter für solche Einberufungen überschritten. Und so weiter und so fort.

Am Ende unseres ersten Buches hatte ich die Frage, ob ich irgendwann nach Syrien zurückkehren möchte, verneint. Ich habe dabei meine Augen verschlossen, damit man die Sehnsucht zu meiner geliebten Heimat darin nicht sehen kann. Aber war das ein »deutsches Nein«? Hierzulande bedeutet ein »Nein« schließlich »Nein« und »Ja« bedeutet »Ja«. Die Sachebene der Botschaft zählt bei der Kommunikation in Deutschland. Im Arabischen dagegen kann ein »Ja« auch »vielleicht« bedeuten und ein »Nein« ein verstecktes »Ja« enthalten, je nach Kontext und Situation.

Meine Frau Hala hat ihre Eltern und Geschwister seit über acht Jahren nicht gesehen. Wenn ihre Angehörigen in Syrien uns fragen, wann wir mal die alte Heimat besuchen kommen, reden wir uns meist heraus, indem wir sie mit »Inschallah« auf das nächste Jahr vertrösten. Aber im nächsten Jahr vertrösten wir sie wieder und so weiter.

Mich ärgert die Frage, ob und wann wir nach Syrien zurückkommen, wohl auch deshalb, weil ich mir sie zu oft selber stelle. Wie lange muss ich noch warten, bis ich zu einer klaren Antwort komme? Es ist nicht nur eine Ja-oder-Nein-Frage. Man könnte auch fragen: Warum?

Das Buch *Der Prophet* von Khalil Gibran beginnt mit den Worten: »Al-Mustapha, der Auserwählte und der Geliebte, der seiner Zeit ein Morgenrot war, hatte zwölf Jahre lang in der Stadt Orfalis auf die Rückkehr seines Schiffes gewartet, das ihn wieder zur Insel seiner Geburt bringen sollte.« Warte ich vielleicht auch wie der Prophet Al-Mustapha auf die Rückkehr eines Schiffes? Woher kommt diese Sehnsucht?

Facebook trägt definitiv eine Mitschuld an diesem Gefühl. Kürzlich hatten unsere alten Nachbarn aus unserem Heimatdorf in den syrischen Bergen auf Facebook ein Bild von zwei Mädchen auf einer Anhöhe gepostet, auf dem man im Hintergrund auch unser Haus erkennen konnte.

In meiner Kindheit bin ich tausendmal diesen Hang hinaufgelaufen. Ich kenne den Verlauf jedes kleinen Rinnsals, das sich bei Regen auf dem Weg bildet. Dieser Hang symbolisiert für mich, wie schwer das Leben bei uns war. Die Schwierigkeiten, die alte Leute mit dieser Steigung hatten, das Stolpern im Dunkeln in den vielen Schlaglöchern. Dieser Hügel steht auch symbolisch für die Machtlosigkeit des syrischen Staates, den Weg endlich mal auszubessern. Jeder Besucher, der hinauf zu unserem Haus kam, fragte, wann denn der Weg endlich mal saniert wird. Ältere Besucher haben wir beim Abschied immer bis zum Fuß der Anhöhe hinab begleitet, damit sie heil unten ankommen.

Ich war kurz versucht, das Bild auf Facebook zu kommentieren. Ich schrieb: »Das sind die schönsten Mädchen auf der schönsten Anhöhe.« Dann löschte ich den Text wieder, denn ich wollte nicht, dass meine Freunde meine Sehnsucht aus den Zeilen herauslesen konnten. Wieder einmal hatte ich das Bedürfnis, meinen Facebook-Zugang zu löschen, und tat es dann doch wieder nicht.

Warum denke ich so oft an Syrien? Warum spreche ich so viel darüber? Liebe ich dieses verletzte Land noch immer? Habe ich Angst, das auszusprechen? Oder fürchte ich, dass jemand meine Liebe zur alten Heimat spüren und es weitererzählen würde? Wird das Heimweh mein ständiger Begleiter in unserer neuen Heimat bleiben? Und warum habe ich Angst davor, meine Sehnsucht zuzugeben? Befürchte ich vielleicht, dass dadurch die Würde meines Lebens in Deutschland verletzt werden könnte? Manchmal flüstere ich leise zu meiner Frau, ob es nicht besser wäre, wenn ich eines Tages aufwache, ohne dieses verdammte Heimatgefühl in meinem Kopf zu haben.

Unsere Freunde Elmar und Gitta haben beschlossen, aus Rotenburg wegzuziehen. Sie waren die wichtigsten Begleiter unseres Lebens hier in Deutschland. Sie haben uns als Erste ihre Türen geöffnet, viele unserer Kolumnen erzählen von ihnen. Ich hatte manchmal die Möglichkeit, Deutschland durch ihre Augen zu sehen.

Elmar hatte anfangs unsere Kinder zum Kinderturnen und zur Kita begleitet. Sie werden noch heute von unseren Kindern »deutsche Oma« und »deutscher Opa« genannt. Und jetzt ziehen sie fort. Wir haben natürlich Verständnis für diesen Schritt. Aber unsere Herzen sind mit Trauer gefüllt.

Zur Haushaltsauflösung veranstalteten Elmar und Gitta einen Garagenflohmarkt. Als wir da waren, sprach uns ein Nachbar an. Er sagte: »Wenn ihr in einem Monat an diesem Haus vorbeifahrt, dürft ihr es nicht mehr betreten. Aber ihr könnt dennoch anhalten und jederzeit an unserer Tür, gleich nebenan, klingeln.« Dieser Satz hat uns sehr berührt. Wir kannten den Mann nicht, aber er hat unsere Gefühle erkannt. Mit seinen Worten klopfte dieser fremde Nachbar gleichsam bei unserem leeren Haus in Syrien an. Dieses Haus, das sich schon an seine Einsamkeit gewöhnt hat.

Werden auch wir, wenn wir im Ruhestand sind, in unsere alte Heimat zurückkehren? Der Poet Nizar Kabani schreibt in einem Gedicht:

»Ich habe dich so sehr vermisst. Bring mir bei, dich nicht mehr zu entbehren.
Lehre mich, wie die Träne in meinem Auge vertrocknet.
Und wie ich die Wurzel deiner Liebe tief im Boden abschneide.«

Höre nie auf zu träumen

Es ist schön, den Alltag mit einer geliebten Person zu teilen, mit ihr gemeinsam einzuschlafen und aufzuwachen. Die Wände des Zimmers mit ihren Bildern zu füllen und ihr Porträt selbst auf der Bettdecke wiederzufinden... Okay, gerade noch akzeptabel.

Ihr Foto – oder in diesem konkreten Fall: sein Foto – als Hintergrund für den Laptop und das Handy zu nutzen, alle Accounts auf den sozialen Medien mit seinen Bildern zu befüllen und all seine Trikots und Parfüms zu besitzen, das geht schon etwas weit. Aber Unterwäsche mit seinem Namen zu verschenken und die Haustür nur zu öffnen, wenn man seinen Namen sagt? Das ist dann doch grenzwertig. In meiner Familie aber erleben wir das seit Jahren. Grund dafür ist die Liebe unserer zwölfjährigen Tochter Christina zu »CR7«, Cristiano Ronaldo.

Seit sieben Jahren spielt sie nur seinetwegen Fußball. Unsere Gespräche morgens und abends beginnen stets mit Neuigkeiten über ihn. Nach jeder Nacht, in der sie von ihm träumt, kommt morgens die Frage, auf die ich lange keine Antwort wusste: »Papa, wann werde ich Ronaldo treffen?«

Um ihre Hoffnung nicht zu zerstören, antwortete ich oft: »Schreib ihm einen Brief, wie du früher dem Weihnachtsmann geschrieben hast.« Und tatsächlich schrieb sie ihm.

Über die Jahre erzählte ich unseren Freunden von Christinas Schwärmerei und sie sagten mir, es sei nur eine Frage der Zeit, bis es vorbeigehe. Aber es ging nicht vorbei, im Gegenteil, es wurde immer verrückter.

In ihrer Fußballmannschaft in Rotenburg verpasste Christina kein einziges Training, auch bei Regen oder Kälte rannte sie über den Platz, natürlich im Sportdress von CR7. Wegen Manchester United, wo Ronaldo früher spielte, begann sie, die Premier League zu verfolgen, und wurde zur Expertin. Sie kannte all seine Probleme mit den dortigen Trainern. Sie war wütend auf ebendiese Trainer, wenn sie Ronaldo auf die Bank setzten. Sie durchlitt die schwierige Zeit seiner Wechsel, auch den jüngsten Transfer nach Saudi-Arabien. Und sie begann, die Nachrichten aus der saudischen Liga zu verfolgen, nur seinetwegen.

Vor etwa einem Jahr dann erfuhr sie, dass Ronaldo mit der portugiesischen Nationalmannschaft an der Europameisterschaft in Deutschland teilnehmen würde – und war völlig von den Socken. Ich versuchte noch, sie davon zu überzeugen, dass es fast unmöglich sei, im komplexen deutschen System der Ticketvergabe die passenden Karten zu bekommen. (»Stell dir vor, Christina: eine Million Tickets für mehr als 80 Millionen Menschen in einem Land, in dem Fußball wie eine zweite Religion ist.«)

Jeden Tag erinnerte sie mich an die Daten für die Registrierung und die Auslosung der Tickets. Sie lernte die Austragungsorte und die Gruppeneinteilung auswendig, ebenso die Städte, in denen Ronaldo spielen würde. Wie sollte ich ihr erklären, dass ihre Chancen auf ein Ticket fast so gering waren wie die auf einen Lottogewinn? Trotzdem bat ich sogar Freunde, für uns an der Ticketverlosung teilzunehmen.

Erfolg hatten wir nicht. Also ließ ich Christina auf verschiedenen Websites versuchen, Tickets zu bekommen, doch sie scheiterte, beim ersten Gruppenspiel und dann noch mal beim zweiten. Einen Tag vor dem dritten Spiel gelang es uns, zwei Tickets zu bekommen – scheinbar: Die Plattform stellte sich als nicht vertrauenswürdig heraus, ich verabschiedete mich innerlich von den 400 Euro, die ich für die Tickets bezahlt hatte.

Trotz unserer Enttäuschung überraschte mich Christina am nächsten Tag mit einer Nachricht, die sie zu einem Foto von mir in einen Bilderrahmen schrieb: »Du bist mehr als ein Papa, Mann mit dem begrenzten Einkommen, auf den ich sehr stolz bin.«

»So sieht man aus, wenn man pleite ist. Mein Papa zögerte nicht, für Tickets zu bezahlen, um mein Traumspiel zu sehen, und gab 400 Euro auf einer unsicheren Website aus. Jetzt ist das Geld weg und wir sitzen hier, ohne Geld und ohne Tickets. Wie dumm!« Dazu legte sie eine Nachricht: »Sei nicht traurig, Papa, ich bin dir sehr dankbar und schätze alles, was du für meinen verrückten Traum getan hast. Ich weiß, wie viele Nachrichten du verschickt und wie viele Leute du um Hilfe gebeten hast.«

Glücklicherweise wurde das Geld am nächsten Morgen doch noch zurückerstattet. Christina versuchte es weiter, um zwei Uhr nachmittags, nur wenige Stunden vor Portugals drittem Gruppenspiel, rief sie plötzlich aus ihrem Zimmer: »Ich habe zwei Tickets gefunden, auf einer vertrauenswürdigeren Website.« Ich antwortete: »Lass es uns probieren. Aber wenn das Geld diesmal weg ist, wird es das Ende deines Traums sein.«

Also bezahlte ich wieder für zwei Tickets, 800 Euro diesmal, und glücklicherweise hielt die Ticketplattform, was sie versprach. Ich erhielt sofort eine E-Mail, die den Kauf bestätigte, dazu den Namen und die Telefonnummer des Verkäufers.

Ich war gleichzeitig misstrauisch, ängstlich und froh. Der Verkäufer lebte in Frankreich. Die EM war in Deutschland und das Spiel sollte in wenigen Stunden beginnen. Eine fragwürdige Konstellation. Doch einen Anruf und einen App-Download später hatten wir die Match-Tickets »Portugal – Georgien« auf den Displays unserer Handys. Wir tanzten vor Freude, Christina weinte vor Glück.

Ich wischte ihre Tränen ab und bat sie, sich schnell auf die Zugfahrt nach Gelsenkirchen vorzubereiten, etwa 400 Kilometer von Rotenburg entfernt. Noch sechs Stunden bis zum Anpfiff.

Die Reise begann an unserem Bahnhof, im Wettlauf gegen die Zeit. Als unser Zug in Bremen ankam, wartete die Deutsche Bahn mit einer Enttäuschung auf: Der Anschlusszug fuhr nicht! Die Mitarbeiterin am Schalter sagte: »Heute wurden viele Züge gestrichen. Es sieht nicht so aus, als könnten Sie Ihr Ziel vor 21.15 Uhr erreichen, nach dem Umsteigen in Münster.« Ich nahm mir vor, zukünftig in unseren Kolumnen nicht mehr über deutsche Zuverlässigkeit und Pünktlichkeit zu sprechen. Christinas Traum begann langsam zu zerbröseln, während sie das Handy mit der Eintrittskarte in ihrer Tasche befühlte.

Ich rief meine Frau im heimischen Rotenburg an und fragte, ob sie nach Bremen kommen könne, um uns mit dem Auto nach Gelsenkirchen zu fahren. Die Antwort war: Nein. Selbst wenn meine Frau zugestimmt hätte, wären wir vermutlich nicht rechtzeitig zum Spiel gekommen. Außerdem teilte meine Frau unseren Wahnsinn nicht unbedingt.

Noch vier Stunden bis zum Anpfiff. Mir war jetzt alles egal. Vom Teufel geritten, sprach ich einen Taxifahrer an. Als ich ihm sagte, dass wir nach Gelsenkirchen wollten, bat er mich, das zu wiederholen. Ich sagte: »Ja, nach Gelsenkirchen.« Da müsse er seinen Chef fragen. Schließlich willigte ein anderer Fahrer ein, diese lange Strecke zu fahren. Alles besser, als zwei 400-Euro-Tickets verfallen zu lassen.

So stiegen wir also ins Taxi und setzten um etwa 17 Uhr unser Wettrennen gegen die Zeit fort. Kein Stau, das Taxi fuhr schnell, unsere Hoffnung stieg.

Wir erreichten das Stadion um 20.15 Uhr. Nur noch wenige Meter trennten uns davon, Christinas Traum zu erfüllen. Aber waren die Tickets auch echt, der Verkäufer seriös? Möge Gott mit uns sein!

Als ich mein Handy vor das Gerät am Toreingang hielt, sprach ich alle Gebete, die ich kannte, und einige, die ich nicht kannte. So öffnete sich das Tor und unsere Herzen tanzten vor Freude. Wir rannten zu unseren Plätzen, neunte Reihe von unten. Nur acht Sitzreihen trennten meine geliebte Christina von ihrem geliebten Cristiano!

Keine Worte könnten ihren Gesichtsausdruck beschreiben, als sie ihn zum ersten Mal auf dem Spielfeld sah, nur wenige Meter von ihr entfernt. Sie tanzte, schnappte nach Luft und schrie so laut, dass die Menschen in den Reihen vor und hinter ihr sie ungläubig ansahen.

Christina weinte. Cristiano schließlich auch, ein Spiel später allerdings. Die eine vor Glück, der andere aus Trauer über einen verschossenen Elfmeter. Die Meinungen über diesen Auftritt von Ronaldo sind geteilt. Christina aber hat eine eindeutige Meinung: Für sie ist es das große Drama des Lebens in einem Augenblick. Ihrer Ansicht nach zeugen Ronaldos Tränen von einem großen Gefühl, das nur wenige Legenden empfinden. Sie sind Ausdruck der großen Verantwortung, die Ronaldo spürt, wenn er schießt und weiß, wie viele Fußballbegeisterte jetzt auf das Tor warten. Seine Tränen waren auch die Tränen von Millionen Menschen, die sein Trikot tragen. Bei dieser EM feuerten nicht nur die Portugiesen ihr Team an, sondern unzählige Ronaldo-Fans weltweit.

Selbst ein slowenischer Fan im Stadion hielt während des Achtelfinales ein Schild hoch, auf dem stand: »Ich bin seit 25 Jahren ein großer Fan von dir, Ronaldo. Nur nicht heute.«

Der Retter des portugiesischen Sieges gegen Slowenien war der portugiesische Torwart, der drei Elfmeter hielt. Der Retter des Traums meiner Tochter war Cristiano Ronaldo, der Unsterbliche. Auch das ist die Magie des Fußballs.

Ganz vorn in der Schlange

Deutsche lieben Regeln und Ordnung, mir ist das grundsympathisch. Aber wie bittet man um Entschuldigung für einen unbeabsichtigten Regelverstoß, z. B. wenn man sich mal nicht hinten anstellt?

In meiner alten Heimat Syrien funktioniert eine Warteschlange ganz anders als bei den disziplinierten Deutschen. Dass es jemand eilig hat und sich deshalb nicht an eine Reihenfolge hält, ist in Syrien keine Seltenheit. Es gibt immer eine Person, die behauptet, sie sei auf einer ganz besonders wichtigen Mission. Jeder Vordrängler hat Kontakte zu irgendeiner einflussreichen Stelle: Der eine arbeitet angeblich für den Gouverneur, der andere für die Partei, ein weiterer für die Armee und so weiter.

Dem einfachen Bürger bleibt nichts anderes übrig, als ruhig zu bleiben, die Realität zu akzeptieren und seinen Ärger zu unterdrücken. Sollte herauskommen, dass derjenige, der sich vordrängelt, gar nicht über die genannten Privilegien verfügt, wird vielleicht mal eine Augenbraue hochgezogen. Das war's dann aber auch schon.

Was wäre, wenn wir das Szenario gedanklich nach Deutschland verlegen würden? Stellen Sie sich eine Supermarktkasse vor, an der jemand seelenruhig vorbeispaziert, um sich an der Spitze direkt vor der Kasse einzuordnen. Oder eine Reihe von Autos, die geduldig wartet, bis plötzlich jemand überholt und sich an den Anfang der Schlange stellt. Das wäre ein handfester Skandal, da bekommt der Alman Puls. Kopfschütteln, Hilflosigkeit, Empörung. Die Grundfesten deutscher Ordnung kämen ins Wanken.

Die Sicht vieler Zuwanderer auf diese germanische Eigenart ist folgende: Deutsche lieben ihre Regeln, ihre Ordnung und ihre Sicherheit. Wenn ein Nachbar seinen Müll nicht hundertprozentig richtig trennt, schreibt ein Deutscher ihm eine schriftliche Verwarnung (ist uns wirklich passiert!). Und wenn er krank wird und einen Facharzt aufsuchen muss, dann akzeptiert ein echter Deutscher das System, das ihm vielleicht erst in einem Monat einen Termin verschafft. Die Einhaltung der Reihenfolge ist heilig, selbst wenn es um die Gesundheit geht. Jedes Auto hat seinen Stellplatz, ebenso wie jedes Fahrrad. Deutsche buchen ihre Zugfahrten noch immer Wochen im Voraus, obwohl sich inzwischen die meisten Züge verspäten oder ausfallen.

Als ich Gerd einmal etwas provokant damit konfrontierte, dass sich die Deutschen doch heimlich über die Coronapandemie gefreut hätten, guckte er mich an wie ein Auto. Ich begründete meine Meinung damit, dass es damals plötzlich so viele neue Regeln gab, an die sich die Deutschen halten konnten. Das muss doch ein Fest gewesen sein. Schließlich gab Gerd zu, dass Deutschland tatsächlich nur eine geringe Übersterblichkeit während dieser Pandemie aufwies, verglichen mit vielen anderen Ländern. Und dass das wohl auch an der Regeltreue und Ordnungsliebe der Deutschen gelegen haben mochte.

Dünn wird die Luft, wenn man aus Versehen mal gegen die deutsche Ordnung verstößt. Das gilt besonders für Zuwanderer, die auch wie solche aussehen, so zumindest meine Erfahrung.

Wir sind erst seit Kurzem Gartenbesitzer. Im Spätsommer konnten wir endlich aus unserer zu engen Wohnung in ein Reihenendhaus umziehen und verbrachten anschließend viel Zeit damit, den kleinen Garten in Ordnung zu bringen. Eines Tages wollten wir gemeinsam als Familie Grünschnitt und Unkraut entsorgen und fuhren damit erstmals zur örtlichen Grünabfallsammelstelle. Auf dem Weg sahen wir viele Autos, die auf beiden Seiten der Straße standen. Ich sagte zu meiner Frau, dass vielleicht eine Demonstration oder irgendeine Festivität im Gange sei, und fuhr weiter. Als wir auf den Platz abbiegen wollten, stellten wir fest, dass das Tor geschlossen war. Auf einem großen Schild stand: »Öffnungszeiten 13:00 bis 16:00 Uhr«. Es war 12.58 Uhr.

Schlagartig wurde mir bewusst, dass all diese Autos, an denen wir gerade seelenruhig vorbeigefahren waren, nur darauf warteten, dass das Tor geöffnet würde. Auf dem engen Platz vor dem Tor konnte ich nicht mehr wenden. Eine leichte Übelkeit stieg in mir auf. Meine Frau wurde bleich und etwas panisch. Wir hatten uns vor mindestens 20 Biodeutsche gedrängelt, die alle geduldig in einer Schlange darauf warteten, ihren Grünabfall loszuwerden. Konnte sich jetzt bitte mal die Erde auftun und uns mitsamt unserem Auto einfach verschlingen?

Ich starrte geradeaus durch die Windschutzscheibe und riet meiner Frau, es mir gleichzutun. Mir brach der Schweiß aus, zwei Minuten können lang sein. Als das Tor schließlich geöffnet wurde, ließ ich all die wartenden Autos an uns vorbei auf das Gelände fahren. Ein Auto nach dem anderen überholte uns, ich fühlte die Blicke der Fahrer regelrecht auf meiner Haut.

Nach einiger Wartezeit konnten auch wir schließlich auf das Gelände der Grünabfallsammelstelle fahren. Als ich ausstieg, bemerkte ich, dass ein Mann zwei Autos weiter vor sich hin fluchte. Galt das uns? In seinem Gemurmel schnappte ich ein paar Schimpfwörter auf und mein Verdacht verstärkte sich. Ich versuchte, ihn zu ignorieren, während die Frau hinter uns verächtliche Blicke in meinen Rücken bohrte. Oder bildete ich mir hier etwas ein?

All das nahm mir die Lust, das Auto zu entladen, und ich dachte kurz daran, nach Hause zurückzukehren und das Unkraut einfach wieder in unserem Garten zu verstreuen. Aber ich behielt die Nerven, entleerte das Auto und fuhr mit gesenktem Blick vom Hof. Auf dem Weg sagte ich zu meiner Frau: »Hast du gesehen, in welche Situation wir uns gebracht haben?« Sie versuchte, mich wieder aufzubauen: »Vergiss, was passiert ist, und erinnere dich daran, wie die Leute gestern Abend bei der Lesung applaudiert haben und wie viel Respekt du dort genossen hast.« Ich antwortete: »Von diesem siebten Himmel bin ich jetzt bis unter die Erde gefallen.«

Meine beiden Töchter saßen mit im Auto, Christina ärgerte sich über den wütenden Mann, der uns mit unverständlichen Worten beschimpft hatte. Sie sagte: »Wenn ich an deiner Stelle gewesen wäre, hätte ich ihm eine gebührende Antwort gegeben.« Ich sagte: »Wir sollten auf Beleidigungen nicht mit Beleidigungen reagieren.«

Natürlich hatten wir die Wartenden nicht absichtlich überholt. Wir wussten einfach nicht, dass sie das gleiche Ziel hatten wie wir. Und eigentlich liebe ich den deutschen Ordnungssinn. Ich bin froh, dem anarchischen Verkehrschaos in Damaskus entflohen zu sein. Die Regeltreue und Genauigkeit sind Säulen des deutschen Erfolgs und Wohlstands. In vielen unserer Texte habe ich meine Bewunderung dafür ausgedrückt.

Aber an dieser Stelle würde ich meine ordnungsliebenden Mitbürger gern fragen, was ich hätte machen sollen? Was sieht der Gesetzgeber in solch einer Situation vor? Hätte ich eine weiße Fahne schwenken oder zu den hinter mir parkenden Autos zurückgehen sollen, um bei jedem Fahrer um Entschuldigung zu bitten? Ich bin für jeden Hinweis dankbar. Und werde mich natürlich beim nächsten Ausflug zur Grünabfallsammelstelle ganz hinten in die Schlange stellen.

Seit der ersten Klasse musste ich rufen: »Assad für immer«

Diese Kolumne erschien am 09.12.2024

Als die Rebellen Freitagnacht vor den Toren von Damaskus standen, konnte ich den Fernseher nicht ausschalten. Ich ging um zwei Uhr morgens schlafen und wachte um fünf Uhr auf, um die Nachrichten zu verfolgen. Die Menschen tanzten auf den großen Plätzen der Städte und feierten ihre Freiheit.

Bei diesen Bildern dachte ich an eine alte Freundin aus Syrien. 2012, zu Beginn der Revolution, hatte sie meine Familie und mich in Damaskus besucht. Sie sagte damals zu mir: »Niemand kann das Glück und die Freude verstehen, die wir verspürten, als wir auf Stühlen und Tischen tanzten und Freiheit und den Sturz des elenden Regimes forderten.«

Seit gestern denke ich wieder an diese Freundin und frage mich: Tanzt sie jetzt wieder auf dem Tisch? Welche Worte können ihre Gefühle und ihren Jubel jetzt wohl beschreiben, nach dem Fall eines Regimes, das das Land 50 Jahre lang unterdrückt hat?

In meiner Kindheit in Syrien lernte ich Anpassung und Unterwerfung: Politik war in Syrien ein Tabuthema. Die Autorität der Assad-Familie infrage zu stellen, war lebensgefährlich. Jeden Morgen, bevor der Schultag begann, mussten wir Schüler uns aufstellen und rufen: »Assad für immer«, bevor wir das Klassenzimmer betraten – von der ersten Klasse bis zum Abschluss. Als Kind fragte ich mich, ob dieser Präsident, dem wir zujubeln mussten, ein normaler Mensch wie wir ist – ob er isst, trinkt und auf die Toilette geht wie wir. Und nun sehen wir im Fernsehen die Freude und das Staunen der Syrer, die seine Statuen umwerfen und seine zahlreichen Paläste betreten.

In den Schulen und im Staatsfernsehen lehrten uns die Politiker und Funktionäre des Regimes, dass »Syrien die Frontlinie im Kampf gegen den Zionismus und den globalen Imperialismus« sei. Bei den vom Regime organisierten Demonstrationen mussten wir marschieren, seine Bilder tragen, die Heiligenbildern glichen, und die erfundenen Heldentaten eines angeblich großen Führers preisen. Ein fiktiver Held, ein alles überragender Kapitän, der nun sein sinkendes Schiff mitsamt Passagieren und Soldaten verließ und davonlief.

Wer früher kein Mitglied der herrschenden Baath-Partei war, hatte Schwierigkeiten, einen Job zu finden. Assads Geheimdienst war die mächtigste Institution des Staates. Wer öffentlich ein falsches Wort gegen Assad äußerte, musste befürchten, dass er und seine Familie im Gefängnis landen, aus dem es für viele keine Wiederkehr gab. Selbst in unseren eigenen vier Wänden sprachen wir nur leise über Politik.

Als der Arabische Frühling 2011 nach Syrien kam, teilte Assad sein Volk in zwei Gruppen: Wer nicht für ihn war, war sein Feind. Er ließ seine Anhänger sagen und schreiben: »Entweder

Assad oder wir brennen das Land nieder.« Sie haben ihr Versprechen gehalten und das Land niedergebrannt.

Assad gelang es, eine anfangs friedliche Revolution in einen militärischen Konflikt und schließlich in einen Bürgerkrieg mit internationaler Beteiligung zu verwandeln. Er behauptete, er bombardiere Terroristen. Doch seine Bomben töteten sein eigenes Volk. Er schreckte nicht einmal davor zurück, Giftgas einzusetzen.

Nachdem Russland und Iran ihn militärisch unterstützten, hatten wir 2015 keine Hoffnung mehr auf ein besseres Syrien. Innerhalb der Familien brachen viele Streitigkeiten aus: Ist Assad vielleicht doch das geringere Übel? Beim Abendessen wurden wir Männer gebeten, nicht über Politik zu sprechen, um Streit zu vermeiden.

Der Bürgerkrieg verursachte unvorstellbares Leid auf allen Seiten. Baschar al-Assad zwang – genau wie sein Vater – die Bürger zum Militärdienst und schickte sie in den Krieg. Nicht um ihr Land zu verteidigen, wie Assad behauptete, sondern um ihm die Macht zu sichern. In den alawitisch geprägten Küstenregionen Syriens waren die Straßenlaternen mit Bildern der »Märtyrer« geschmückt, die in der syrischen Armee gefallen waren. Städte der Opposition wurden vollständig zerstört, unzählige unschuldige Menschen, die von Freiheit träumten und davon sangen, verloren ihr Leben. Viele wurden in Assads Foltergefängnisse geworfen. Dies führte schließlich zu einer großen Flüchtlingswelle und Europa, vor allem Deutschland, nahm zahlreiche dieser Flüchtlinge auf. So auch mich.

Und nun wurde dieses Regime innerhalb weniger Tage gestürzt. Als die Rebellen vor zwei Wochen Aleppo zurückeroberten, waren wir fassungslos. Wir hatten Angst, dass erneut heftige Kämpfe ausbrechen würden. Wir konnten uns nicht vorstellen, dass das von Russland unterstützte Regime den Fall der Stadt einfach so akzeptieren würde. Doch die Rebellen marschierten weiter und bald fielen Hama, dann Homs und schließlich Damaskus.

Ich habe mich vor meiner Flucht nach Deutschland öffentlich weder für noch gegen das syrische Regime ausgesprochen. Deshalb habe ich seitdem vermieden, in diesen Kolumnen über die syrische Politik zu sprechen. Auch, weil wir noch Verwandte in Syrien haben. Es wäre unverantwortlich gewesen, sie durch eine leichtfertig geäußerte Meinung in Gefahr zu bringen. Doch jetzt durchbricht die Freude über die mögliche Geburt eines neuen Syriens diese Barriere.

Natürlich bleibt die Ungewissheit, was als Nächstes in Syrien geschehen wird. Niemand weiß, in welche Richtung sich Syrien ab heute entwickeln wird. Wie können Opposition und Loyalisten nach so vielen Jahren des Konflikts und des Blutvergießens miteinander in den Dialog treten? Diese Frage trifft auf ein Volk, das nicht an einen echten politischen Dialog gewöhnt ist. Wie können die Syrer nach allem, was sie durchgemacht haben, ihre Zukunft in die eigenen Hände nehmen?

Doch ich hoffe weiter auf ein neues Syrien voller Frieden, Wohlstand und Freiheit in einem starken, liberalen, demokratischen Staat. Die Türen stehen wieder offen. Lasst uns optimistisch bleiben und sehen, was der morgige Tag bringt.

Die Terminplanung bekommt Risse

Meine Jahre in Deutschland vergingen wie eine rasante Forschungsreise. Über meine ersten Versuche, Deutschland als Fremder zu verstehen, bis zu meinem Staunen über dieses schöne Land – während dieser Zeit wurde unser erstes Buch geboren. Dann begann eine Phase, in der ich viele Details und Facetten des Lebens hierzulande schon besser verstanden und verinnerlicht hatte. So entstand das zweite Buch. Seit meinem Ankommen bis heute vergingen etwa zehn Jahre, in denen ich immer mehr hinter die Kulissen dieser Gesellschaft und ein bisschen in die Köpfe der Menschen blicken konnte. Meine Familie und ich entschieden uns, auch nach dem Sturz von Assad hier in Deutschland zu bleiben. Daraus wurde das dritte Buch.

Während dieser Reise habe ich mich oft gefragt, wie ich mich selbst verändert habe und ob mein Blick auf die Deutschen ein anderer geworden ist. Ein Augenöffner für diese Veränderungen war neulich eine Lesung in der Stadt Senden im Münsterland. Dort las der Veranstalter einige Sätze aus unserem ersten Buch vor, die ihn besonders berührt hatten. Er konnte nicht wissen, wie sehr er damit auch Gerd und mich berührt hat. Ich nahm seine Sätze wahr, als würde ich sie zum ersten Mal hören, und ich fragte mich: »Oh Gott, bin ich es, der das mal gesagt hat?« Es scheint, ich habe einiges vergessen, während ich versuchte, mich zu integrieren.

In meinen ersten Jahren in diesem Land habe ich einige wichtige Aspekte über die Deutschen gelernt und mich ihnen angepasst. Heute jedoch kann ich viele dieser Punkte in Perspektive setzen und relativieren. Zum Beispiel in Bezug auf den Umgang mit Zeit: Die Deutschen sind Meister der Terminplanung. Alles wird präzise schriftlich im Kalender festgehalten, Urlaube Monate im Voraus gebucht, Pünktlichkeit und Zuverlässigkeit sind ein hoher Wert … eigentlich.

Denn es gibt Ausnahmen. Ich erinnere mich an ein Gespräch mit einem Gärtner: Nachdem ich telefonisch mein Anliegen vorgebracht hatte, sagte er, er würde sich in den kommenden Tagen melden. Hier gibt es nun eine Unsicherheit für mich als Zuwanderer: Was genau meint er mit den »kommenden Tagen«? Bis heute, mehrere Monate später, sind diese Tage nämlich noch nicht gekommen. Ein anderer, von uns dringend benötigter Dienstleister sagte mir vor einigen Wochen, dass er momentan keinen freien Termin habe, sich aber melden würde, sobald ein Termin verfügbar sei. Wir warten noch immer auf einen Termin. Ich empfehle der Duden-Gesellschaft, für diese Art der Terminvereinbarung den arabischen Begriff »Inschallah« (Wenn Gott will) in den deutschen Wortschatz mit aufzunehmen. Das ermöglicht eine Grauzone zwischen einer Zu- und einer Absage, ohne dass irgendjemand enttäuscht wird. Wenn Gott will, kommt der Gärtner. Und wenn er nicht kommt, war es nicht die Schuld des Gärtners, sondern Gott wollte es nicht. Damit kann man leben.

Wenn die deutsche Terminplanung klappt, ist das eine großartige Sache und führt zu einer hohen Effizienz bei der Arbeit und in der Freizeit. Aber leider ermöglicht sie nur wenig Spontanität und Flexibilität: Wenn ich einem Biodeutschen mit seinem vollen Kalender spontan vorschlage, einen Kaffee trinken zu gehen, gehe ich meistens alleine. Obwohl mein Gegenüber auch Lust gehabt hätte, aber er ist leider zum Sklaven seines Kalenders geworden. Und hier hätte ich eine weitere syrische Spezialität als Empfehlung für die Deutschen: Wie wäre es, wenn ihr einfach mal ein paar Lücken in eurer Zeitplanung offen lasst, um flexibel zu bleiben?

Klingt verrückt, ist aber möglich. Das Tolle daran: Wenn mal etwas besonders Schönes geschieht, was eigentlich gefeiert werden muss, kann man diesem Impuls sofort nachgeben und muss nicht erst auf eine Lücke im Kalender warten, wenn die Freude schon wieder verflogen ist. Freude braucht keinen Terminplan. Wenn das Glück an deine Tür klopft, öffne dein Herz und lass es nicht warten.

Durch diese Flexibilität konnte beispielsweise die syrische Community hier in Rotenburg feiernd und hupend im Autokorso durch die Stadt fahren und ihre Freude über den Sturz des Diktators Assad mit anderen Menschen teilen. Obwohl das nicht in ihrem Kalender stand.

Bleibt ein Syrer in Rotenburg (Wümme)

Vor fast zehn Jahren bin ich nach Deutschland gekommen. Bin ich damals gekommen, um zu bleiben? Welche Bedeutung hat die Entscheidung des Hierbleibens? Warum bleibt jemand? Was erwartet ihn, was wird von ihm verlangt? Welche Herausforderungen birgt das Bleiben? Ich rufe die Zuwanderer, die in Deutschland bleiben wollen, dazu auf, ebenfalls über die Bedeutung einer solchen Entscheidung nachzudenken.

Vielleicht wirst du eines Tages mal danach gefragt, warum du geblieben bist. Du könntest dann sagen: Es war eine Entscheidung, die du aus freiem Willen getroffen hast, niemand hat dich gezwungen und nun trägst du die Konsequenzen. Die Entscheidung zu bleiben ist wie die Entscheidung zu heiraten. Bei einer arabischen Eheschließung fragt derjenige, der die Zeremonie durchführt, drei Mal: »Willst du diesen Mann oder diese Frau heiraten?« Und dann muss man die Frage wiederholen. Du fragst und du antwortest. Ich wurde, seit ich in Deutschland lebe, schon mehr als drei Mal gefragt, ob ich hierbleiben werde. Ich habe die Frage dann meist wiederholt, aber oft nur ausweichend geantwortet.

Als ich mal Probleme bei der Arbeit hatte, sagte ich zu meinem Schulleiter, dass ich mich manchmal frage, ob ich in dieses Land gehöre. Er versicherte mir: »Du bist ein Teil dieses Landes, du gehörst zu diesem Land.« Diese Worte haben mich sehr bewegt, besonders, weil sie von einem Deutschen kamen. Es hat mich an die »Magie der deutschen Umarmung« aus unserem ersten Buch erinnert. Also sagte ich mir beim Verlassen seines Büros: Ja, dieses Land ist mein Land, und ja, hier werde ich bleiben und mich allen Problemen stellen.

Manchmal haben wir Diskussionen über kulturelle Unterschiede in unserer Familie und ich versuche meinen Kindern zu erklären, was erlaubt ist und was nicht. Manchmal antworten sie trotzig: »Das ist bei euch so, aber nicht bei uns.« Sie meinen mit »bei euch« Syrien und mit »bei uns« Deutschland. Sie identifizieren sich zu hundert Prozent mit Deutschland und sind inzwischen deutscher als jeder Deutsche, sagt Gerd immer. Sie sprechen akzentfrei Deutsch, lieben Regeln, Struktur und Ordnung und ziehen Brötchen mit Marmelade dem syrischen Frühstück vor. Manchmal frage ich mich, ob sie nicht schon ein wenig übertrieben deutsch geworden sind.

Dies könnte der Preis für das Hierbleiben sein, den viele der Neuankömmlinge in Deutschland fürchten. Sie fragen sich: Bedeutet Integration, sich von der Welt, aus der wir kommen, komplett zu verabschieden? Ich denke, Integration bedeutet nicht, seine kulturellen Wurzeln zu kappen, aber es bedeutet auch nicht, sich daran zu klammern. Es ist ein schwieriger Balanceakt. Es ist vergleichbar mit dem Balancieren auf einem zehn Zentimeter breiten Schwebebalken beim Turnen. Selbst in einem weiten Land wie Deutschland wird der Weg vor dir manchmal schmal und verlangt von dir, dein interkulturelles Gleichgewicht zu halten, damit du nicht fällst.

Hierzubleiben bedeutet, sich der Kunst des Farbenmischens zu widmen. Die Grundfarbe ist die Farbe, die du aus deinem Heimatland mitbringst. Du vermengst sie mit den Farben, die du hier erhältst. Dann gilt es, eine gute Mischung zu finden, damit die Töne harmonieren und keine Farbe die andere überwiegt und das Gesamtbild stört.

Hierzubleiben bedeutet, sich an die Gegebenheiten anzupassen. Dabei nehme ich mir manchmal die vielen ausländischen Restaurants zum Vorbild, die es in Deutschland gibt. Sie haben erkannt, dass die deutsche Bevölkerung offen für Neues ist, wenn man sich dem deutschen Geschmack etwas anpasst.

Hierzubleiben bedeutet auch, gegen die Sehnsucht nach seinem Heimatland zu kämpfen. Egal wie sehr du versuchst, sie zu überwinden, die Erinnerungen bleiben. Manchmal sage ich zu meiner Frau: »Erinnere mich nicht daran und sprich nicht mit mir über dieses Land.« Ein arabisches Sprichwort sagt: »Mein Land, auch wenn es mich schlecht behandelt, bleibt meinem Herzen teuer.« Aber fragt dich die Erinnerung, wann sie zu dir kommen will? Die Sehnsucht braucht kein Visum, um in Deutschland an die Türen deines Herzens zu klopfen.

Bei der Frage des Hierbleibens geht es bei mir übrigens nicht nur um die Entscheidung zwischen Syrien und Deutschland. Es ist auch eine Entscheidung zwischen Großstadt und Kleinstadt. Es gab Zeiten, in denen ich mir gut hätte vorstellen können, in Bremen oder Hamburg zu wohnen statt im kleinen Rotenburg. Aber unsere Töchter beendeten derlei Gedankenspiele, indem sie mir sagten: »Wenn du Lust auf eine neue Stadt hast, dann geh allein. Wir bleiben hier in Rotenburg.« Das hat mich sehr berührt und an Gedichte erinnert, die wir in unserer Kindheit in Syrien auswendig gelernt haben: *»Hier ist mein Land … hier ist mein Haus … hier sind* *meine Schule und meine Freunde … Freunde … hier sind meine Eltern und Großeltern … hier sind meine Wurzeln … und ich werde nicht gehen.«* Es freut mich zu sehen, wie meine Töchter hier in Rotenburg Wurzeln geschlagen haben. Deshalb bleibt mir nichts anderes übrig, als zu sagen: »Ja, hier werde ich mit euch bleiben. Wir sind zusammen gekommen und wir werden zusammen bleiben.«

Ich werde hierbleiben, mit Freude und festem Willen. Rotenburg ist uns zur zweiten Heimat, Deutschland zu unserem neuen Vaterland geworden. Ich weiß, welche Möglichkeiten und Perspektiven dieses Land bietet. Es ist ein Land, das durch seine Menschen, sein Leistungsbewusstsein, seine Offenheit, Toleranz und Solidarität all denen Chancen gibt, die guten Willens sind.

Danke an

Laura Hoffmann, Helena Friedrich, Angelika Mette, Karen Guddas, Alexander Neubacher, Martina Gilica, Antje Wallasch, Hendrik Ternieden, Simone Salden, Tabea Jung, Janko Tietz, Jörg Diehl, Cordula Meyer, Alexandra Döring, Markus Verbeet, Anke Dürr, Sophia Schirmer, Iris Stöwer, Bianka Behrens, Sven Thiemer, Iris Rehder, Sven Borstelmann, Cornelius Cordes, Gesine Willen und alle Kollegen an der Beekeschule, Michael Behr, Anke Pörksen, Joerg Kemnade, Detlev Giesky, Doris Nikau, Evelyn Dorweiler, Volker Evers, Marlies Lohmann, Reinhard Dunker, Jan Patterson, Michael Behr, Steffi und Gerd Jankuhn, René Habitzl, Michaela und Karlheinz Krüger, Gerhard Harnisch, Wilfried Hochfeld, Inga Röders, Nassir Walizada, Gabriella Kärcher, Marie Schöbel, Franziska Wronka, Eva Kohl, Bettina Stieper, Denise Hilgeforth, Andreas von Glahn, Miriam Schröder, Heinrich Hachmöller, Maike Otten, Marianne Stumpf, Nina Göttelmann, Dorothea Schröder, Christiane Wuttke, Nicolet Dittmann, Gunnar Thaden, Benjamin Pfennig, Angela Steinhardt und Christian Blohm, Uschi Bock, Katja Bredehöft,

Sabine Besel, Anika Lüdemann, Bettina Meyer, Iris Schumacher, Birgit Rogge, Annika Marklein, Elke Thole, Tanja Spinger, Tim Tjettmers, Uta Paschke-Albeshausen, Ute Labudde, Tobias Fritzsche, Angelika Fröhning, Ina Ribinski, Filipo Cortese, Karin Wüst, Jörg Göhl, Johanna Heitmann, Barbara von Raben, Heinz Siemering, Tanja Dietrich, Lore Holsten, Sabine Hoffmann, Anika Weimann, Hans Meckling, Barbara Hees, Annette Rendigs, Dorothea Weiss, Beate Haas-Heinrich, Rudolf Zimmermann, Eva-Marie Urban, Peter Söllner, Cornelia Mansfeld, Jana Wittwer, Steffi und Philip, Anne Friberg, den Beerbaskets, Todde, Elmar, Gitta, Ainhoa, Hala, Christina und Cilina sowie alle Leserbriefschreiber und Kommentatoren zu unseren Kolumnen und alle, die wir in dieser Aufzählung vergessen haben.

Danke, dass ihr einen Teil des Weges mit uns gegangen seid und mit uns geht!